U0536818

大学英语翻转课堂教学模式建构与应用研究

王晓春 ◎著

中国书籍出版社
China Book Press

图书在版编目（CIP）数据

大学英语翻转课堂教学模式建构与应用研究 / 王晓春著 . -- 北京：中国书籍出版社，2024.6. -- ISBN 978-7-5068-9929-1

Ⅰ . H319.3

中国国家版本馆 CIP 数据核字第 2024LT9263 号

大学英语翻转课堂教学模式建构与应用研究

王晓春　著

丛书策划	谭　鹏　武　斌
责任编辑	毕　磊
责任印制	孙马飞　马　芝
封面设计	博健文化
出版发行	中国书籍出版社
地　　址	北京市丰台区三路居路 97 号（邮编：100073）
电　　话	（010）52257143（总编室）　（010）52257140（发行部）
电子邮箱	eo@chinabp.com.cn
经　　销	全国新华书店
印　　厂	三河市德贤弘印务有限公司
开　　本	710 毫米 ×1000 毫米　1/16
字　　数	222 千字
印　　张	14
版　　次	2025 年 1 月第 1 版
印　　次	2025 年 1 月第 1 次印刷
书　　号	ISBN 978-7-5068-9929-1
定　　价	89.00 元

版权所有　翻印必究

目 录

第一章　大学英语教学概述…………………………………………………… 1
　　第一节　大学英语教学的内涵………………………………………… 2
　　第二节　大学英语教学的构成………………………………………… 10
　　第三节　大学英语教学的理论依据…………………………………… 14

第二章　翻转课堂教学概述…………………………………………………… 26
　　第一节　翻转课堂产生的背景………………………………………… 27
　　第二节　翻转课堂教学模式理论阐释………………………………… 28
　　第三节　翻转课堂与传统课堂的碰撞………………………………… 41
　　第四节　翻转课堂应用于大学英语教学的意义与对策……………… 44

第三章　翻转课堂在大学英语词汇与语法教学中的建构与应用…… 49
　　第一节　翻转课堂在大学英语词汇教学中的应用…………………… 50
　　第二节　翻转课堂在大学英语语法教学中的应用…………………… 52

第四章　翻转课堂在大学英语听说与读写教学中的建构与应用…… 65
　　第一节　翻转课堂在大学英语听力教学中的应用…………………… 66
　　第二节　翻转课堂在大学英语口语教学中的应用…………………… 71
　　第三节　翻转课堂在大学英语阅读教学中的应用…………………… 75
　　第四节　翻转课堂在大学英语写作教学中的应用…………………… 84

第五章　翻转课堂在大学英语翻译与文化教学中的建构与应用…… 89
　　第一节　翻转课堂在大学英语翻译教学中的应用…………………… 90

第二节　翻转课堂在大学英语文化教学中的应用……………… 103

第六章　翻转课堂模式下大学英语教学评价的多元化发展……… 107
　　第一节　大学英语教学评价简述……………………………… 108
　　第二节　大学英语教学评价的意义与原则…………………… 114
　　第三节　大学英语翻转课堂教学评价的多元化手段………… 117

第七章　翻转课堂模式下大学英语教师的能力与素质提升……… 123
　　第一节　大学英语教师的能力与素质………………………… 124
　　第二节　大学英语教师的专业发展…………………………… 130
　　第三节　大学英语教师翻转课堂教学能力提升的路径……… 140

第八章　翻转课堂模式下大学英语教学的方法…………………… 147
　　第一节　翻转课堂模式下的大学英语任务教学法（TBLT）… 148
　　第二节　翻转课堂模式下的大学英语项目教学法（PBL）…… 153
　　第三节　翻转课堂模式下的大学英语成果导向教育（OBE）… 165
　　第四节　翻转课堂模式下的大学英语产出导向法（POA）… 179

第九章　翻转课堂模式下大学英语教学的创新趋势……………… 189
　　第一节　翻转课堂模式下的大学英语生态教学……………… 190
　　第二节　翻转课堂模式下的大学英语 ESP 教学……………… 197
　　第三节　翻转课堂模式下的大学英语课程思政教学………… 201

参考文献……………………………………………………………… 209

第一章 大学英语教学概述

在新时代的发展背景下,大学英语教学面临各种发展机遇与挑战,只有充分把握机遇,才能迎合社会发展的趋势,培养出符合社会发展的高质量外语人才。同时,应对大学英语教学有一个正确的认知,熟悉其基本要素,这样才能结合时代发展的要求,进行全方位发展。本章重点对大学英语教学进行概述,包括大学英语教学的内涵、构成、理论依据,以期为后面章节内容的展开作铺垫。

第一节　大学英语教学的内涵

一、"教学"的定义及其内涵

"教学"两字相连用，最早见之于《书·尚书·兑命》："教学半。"《学记》引用它作为"教学相长"的经典依据，指出"是故学然后知不足，教然后知困。知不足，然后能自反也；知困，然后能自强也。故曰：教学相长也。"（余嘉云，2006）表明教学的含义是指教者先学后教，通过教人以提高自己，教中有学，教学不分，教学即学习，这是最早的"教学"一词的语义。此后，"教学"一词的含义又经历了几次转变，由最初的"教学即学习"到"教学即教授""教学即教学生学""教学即教师的教与学生的学"的语义转变。

通过考察"教学"一词的语义发展变化的过程，我们可对"教学"作如下阐释。

（1）教学过程中，教与学相互依存、密不可分。离开学生的学，教师的教就失去了特定的对象，教也就无从谈起；没有教师的教，学生的学习零散、随意性大、不成体系，难以取得良好的效果。有人提出，在今天的信息化时代，在没有教师的情况下学生也可以通过网络及各种信息渠道获取知识。对此，笔者认为，第一，我们通过网络、各种传媒接受的知识具有其独有的优势，如时效新、更新快、具有前沿性等。但是，其不足也很明显，即缺乏系统性和基础性。第二，教学过程不仅仅包含知识、能力的传授和培训，还包含师生之间的情感交流、行为互动、教师人格魅力的展示和学生人格的形成。网络学习主要是人机交流，学生面对的是没有情感的电脑，教师言传身教的作用、人格力量的影响力荡然无存，在情感培养、人格塑造方面，网络显然无能为力。第三，通过网络、传媒学习，学生的学习环境变得更加狭小，学习方式更加单一，程序化的信息加工增多了，而对实践活动的参与减少了，虚拟的情境终究不能创造真实的体验，这将影响学生实践能力的培养。第四，在网络学习中，学生几乎都用电脑进行数字运算,很多时候都用键盘输入进行表达,这将不断弱化学生的运算能力和语言表达能力。因此,笔者认为,通过网络、传媒进行的教学活动,只能是学校教学活动的一种补充,而不能替代学校的教学。

（2）"学的行为"是教学活动的中心问题。教学领域与其他研究领域一样,有其自身存在的中心问题,"学的行为"应该是或者说本来就是教学活动的中心问题。这主要是基于以下两点考虑：第一,从"教学"一词的最初来源及其词义的发展过程,我们可以看出,将"学的行为"作为教学的中心问题,更加切合"教学"一词的本源意义;第二,教学是一种意向性很强的活动,使学生学习（包括知识、德行等的学习）就是教学活动的主要目的。教学意味着教师有目的地引导学生学习,从而更好地促进学生的发展,那么学生学的行为就自然成为教学这一明显带有目的性行为的中心问题。

（3）"教的行为"就是教师引起、维持与促进学生学习的所有行为。在教学活动中,并不是教师的一切行为都可以称为"教"的行为,从某种意义上来讲,"为了学生更好地学、更好地进步"可以看作教师"教"的行为的标准。按照教学活动展开的过程,教师"教"的行为包含教学前的行为,即各种准备活动;教学过程中的行为,指具体实施教学活动时的行为;教学后的行为,即教学评价。区分教师的行为是否为"教"的行为,可以从教师的行为是否为了学生的进步,或者说是否为了学生更好地学来进行判定,而不能仅仅从教师是否完成教学内容来判定。

（4）运用关系论的思维方式更有助于理解教学的本质。以往研究者在对教学本质进行探究的过程中,多沿用近代哲学的二元本体论——从主客体关系入手,简洁地寻求教学的本原。人们总是试图寻找一种（或几种）具体的实体性的要素、活动或过程,以期一成不变地界定教学的本质,一劳永逸地指导教学实践。[①] 这样在对教学定义的过程中,研究者所界定的教学概念也就呈现出某种实体化的倾向。这种教学定义方式主要表现为从教师"教"的活动角度,或从学生"学"的活动角度进行定义。在对教学的认识上,我们不能满足于简单地从主客体认识论入手,从某种教学活动要素出发,简单地描述某种概念,而是需要去追问

---

① 邓羽茜．"有效教学"：基于关系思维的批判思考[J]．课程教学研究,2019,87(03):17-20+44．

教学的本质,运用关系论的思维方式去看待教学,立足于教学的生成机制,探究教学活动的深层本质。

二、新时代的大学英语教学

21世纪是信息化、全球化的时代,为迎接新世纪的挑战,我国大学英语教学经过多次调整,英语已恢复了地位。在大学英语教学研究和实践中出现了一些新的理念,当今的大学英语教学呈现出以下几个新的特点。[①]

新时代的大学英语教学以现代信息技术作为支撑,将教学、研究、运用三者相互结合,用教学研究促进科学研究,用科学研究促进运用,有着开放性的特点,相比传统型的大学英语教学它具有以下几个特征。

(一)教学观念的创新性和前瞻性

新时代的大学英语教学更加注重教学知识的专业性、时代性和拓展性,以此来把握现状和展望未来。通过将现代信息技术作为支撑,以实践教学为中心,并将社会需要和培养应用型人才作为目标,从而达到理想的教育创新效果。

(二)教学内容的互补性

新时代的大学英语教学是把教学系统和专题研究、教学理论和教学实践、应用和研究密切联系在一起。以社会需要为目标,将技术的运用作为培养的重点,注重教学内容的选取方向。这种教学方法重点体现了实用性,将学生能够独立发现问题、解决问题、独立操作作为重点培育的计划。

(三)教学方法的直观性和科学性

新时代的大学英语教学通过图画、模型、幻灯片和投影仪等器材更

---

① 段建敏.英语教学实践与反思[M].太原:山西人民出版社,2009.

直观地进行教学,同时还通过现代科学技术方法,运用互联网技术、多媒体技术,结合教育学和心理学还有教学法等,将文字、图形、图像、声音、影像和视频等多种信息融为一体,让一些抽象而又复杂的知识变得更加简单、清晰明了,让枯燥的文字信息变得更加多维、生动、逼真,用现代化教学手段拉近了与学生之间的距离,将他们的视觉和听觉潜能激发出来,使他们的注意力更加集中在学习上,从而能够更好地专心学习,掌握知识。

(四)教学模式的职业定向性

不管是德国的双元制教育方式,还是我国的学而时习之的方式,又或者是以能为本的教育,现代社会教育都是以社会需要为主要导向,围绕特定的岗位群进行教育,并对学生的专业技能进行培养,因此具有很强的职业目的性。

(五)教学能力的知识性

新时代的大学英语教学注重将基础教学与应用教学、传授知识和研究新课题相结合,立足于学科的前沿,致力于培养适应时代的创新人才。新时代的大学英语教学要求教师保持终身学习的能力并不断更新知识结构,力求在大学英语教学中做到教学新、知识博、方法独、讲授深、备课精。

总之,时代的快速发展对新时代的英语专业人才培养提出了更高的要求,大学英语教学体系需要具备全新的教育思想、优化的课程体系和高水平的师资队伍。同时,教学必须以提高学生的实际应用能力为目标,人才培养须契合社会需求。每一位教师都需认清教学从传统型向现代型发展的必要性和必然性,应从教学观念、教学内容、教学方法、教学模式和教师知识结构等方面深入探究现代型教学及其特点。

三、大学英语课堂教学改革

（一）大学英语教学改革需要寻找新定位

大学英语教学改革的突出成效主要体现在以下几个方面：一是标准建设上的进步；二是将现代信息技术应用于教学方法，形成了大学英语教学课堂与计算机信息技术整合的新模式；三是在项目建设上的巨大进展；四是教师队伍整体素质的提高，包括学历和教学能力；五是推进大学英语四、六级考试改革。除了这些改革发展优势外，不可否认的是，大学英语改革还存在一些问题，如大学生在英语的综合应用能力上的不足、教学模式上的单一、教师业务水平的差距、学生对于英语学习的积极性和自主性的欠缺等，这些问题的解决就是大学英语改革前进的方向。

（二）大学英语课程建设的意义

国内外专家近年来都在尝试对大学英语进行重新定位，英国语言学家 David Graddol 曾说，英语仅仅作为一门外语来学习的时代即将结束。针对这一说法，有关机构通过一项大型调查后得出了以下结论：未来的英语教学将会越来越多地与某一个方面的专业知识或某一个学科结合起来。日本则是将大学英语的课程模式从英语的"学习"转变为了英语的"应用"。国内的大学英语改革也在进行，改革方向是从基础语言的培养转变为语言的实用能力培养。以东南大学为例，对基础英语的学分进行压缩，从 16 分减少为 9 分，学习时间也相应缩短，缩至 3 个学期，这个学习期限内基本所有的学生都可以完成相关课程的学习，甚至有30%的学生只用 1~2 学期就可以完成相关课程的学习，节约下来的时间可以让学生来选修关于英语应用的课程作为英语语言学习上的补充。

由以上例子可以看出大学英语课程建设的必要性，具体可以总结为以下两个方面。

一是课程建设是大学英语改革的新动力。当前大学英语存在的一个较大问题就是在教学内容上仍以基础的英语教学为主,缺乏语言学习应有的实用性训练,传统的大学英语的教学方式无法满足当前社会对人才的基本要求。大学课堂教学内容与学生以后的就业关联性不强,导致大学英语课堂所学对学生未来在社会中的发展帮助不大,因而无法引起学生对大学英语学习的主动性,再加上教学方法的落后和教学模式的陈旧,也就使得教师和学生无法看到英语学习的价值和意义。所以大学英语改革的大方向应以培养学生口语汇报能力和学术书写能力为目标。

二是课程建设可以满足新一代大学生对大学英语课程的需求。因为现在大学英语的课程设置模式相对陈旧,没有很好地迎合新时代大学生对于授课方式上的需求,所以出现了学生上课懈怠、学习态度消极的现象,还有一部分学生课上不学,但是课下在相关的培训班上学习。造成这种现象的原因是新时代大学生的成长环境充满了新媒体的应用,他们成长于一个更加信息化的时代,口语上相较于上一代人进步较大,但在英语的综合应用方面仍然具有明显的不足,在专业英语的记录、观点陈述、论文的书写、查阅等方面则是力不能及,所以新版的《大学英语课程教学要求》对大学生在英语的综合应用方面作了新要求。

三是课程建设可以推进教师队伍专业能力的提升。教师的专业能力是提高大学英语教学质量的关键,而大学英语教学水平又关乎人才培养水平的高低,所以大学英语教师的职业化进程是大学英语课程改革的关键。虽然大学英语教师队伍一直在进行着自我水平的建设和提高,但暂时还不能满足新时代大学英语教学改革的新要求。大学英语教学体系的建设和更新,就是教师对自身的大学英语教学观念和角色的更新和转变。

(三)大学英语教学改革的方向

从传统型教学向现代型教学的转变,必须从教学观念、教学内容与教学方法等方面进行变革。

1. 教学观的转变

现代教学观主要以教师为导向,将学生作为重点,把就业作为方向,完成培养目标和任务,将现代教学技术作为教学观点的依据,把网络技术作为支持教学的试验方法,通过电脑、多媒体和远距离通信技能,将教学内部的组织形态完全改革；充分利用丰富的学习资源，通过网络学习、相互学习、远距离学习等方式，将学生的智慧大力开发出来，锻炼学生自学和探究知识的能力。

教学的运用是教学、研究和运用三者的相互结合，主要以研究为主，探究新知识、加强研究意志、提升教师和学生的创新实践能力，用科研带动运用。在探究过程中主要有三个关键步骤：寻找问题、探究解决问题的方法和成果的运用。通过现代的教学模式可以形成运用思想和解决问题的实践能力。

2. 课程观的转变

教育内容和课程体制需要根据以下方面进行变革：一定要清晰地体现出新时期的社会发展水平和科研成果，能够促进社会生产力的发展；展现出人才培养过程中的目的和要求；体现出现代文化和创新科技；在挑选教学内容上要结合学生的喜好和需求，对症下药，从而促进学生能力的提高和发展。

课程的制定和教学内容的选择：将社会需要作为目的，把运用能力的锻炼作为根本，制定出对应的培养策略，构建对应的课程和教学知识点，设置基础理论课程的同时注重实践教学，重点锻炼学生的运用能力。

3. 教学方法的转变

教学方法从传统教学转向互动式教学。传统教学重点关注"什么是什么"的知识点，学生在学习过程中一直处于被传授的状态，而且对教师的授课会有很强的依赖性，缺乏对知识的主动思考和探究。互动式教学则注重动态地学习过程，教师起着主导作用，是知识的引导者与教学的组织者，启发和引领学生主动思考、积极参与，引导学生将教师的指导思想转化为自主学习行动，从而获得良好的教学效果。

开放式教学逐渐代替封闭式教学。信息技术的不断发展成为现代教学的主要依靠，目前开放式的教学模式突破了传统的封闭式教学的局限性，在信息化教学背景下教师可利用多媒体教室、智慧教室、线上平台来进行网上教学，学生可利用多媒体教室以及空中课堂来获取知识，要想将开放式教学更加理想化地进行，那么信息高速公路是最重要的手段。

实践教学即将代替理论教学。课堂教学是传统教学的主要场所，它更注重完整以及系统的理论。实践教学成为现代教学的主要方式,学生通过实践能够完全掌握技术要领,这有助于提高他们的实践应用能力。

利用个性化教学方式实现因材施教是现代教学的主要优点。目前很多的院校在不断地扩招,学生的数量也越来越多,在这种形势下很多高校的大学英语教学采用大课教学。面对这一情况,可以利用协作学习的方式来进行补充,把学习内容放在课堂上进行讨论,在课下则以任务的形式促进加深学生之间的合作交流以及竞争,以此作为基础对新的学习环境进行创新,利用学生的个性展开教学,逐步完善因材施教的个别化教学。

4. 现代型教学的实践模式

国际上的高等教育领域的教学模式是多元化的,很多国家在这一领域已经取得了比较优异的成果。德国所实行的教学模式叫做双元制,也就是学校和企业合作完成的教育模式。受训者的身份是双重的,既是学徒又是学生,所以被称为是"双元制"。对受训者进行教育是从实训和理论两个方面入手,学时比例为理论课占三成实训课占七成,在学校进行理论教学,在企业进行实训教学,实训教学尤为重要,包括技巧以及实践技能等。在北美国家,他们所实行的教学模式为以能力为本位,把素质、技能、知识以及具体的职位充分地结合,课程结构以模块为基本的特征,理论基础以整合能力管理为主;整个教学模式更注重"学",学习的方式更侧重于自主;在进行学习时要学会对自己肯定,学习目标的确立要以能力为基础,然后再开始自学活动,现场进行实际操作时要勇于尝试;对自我按照标准进行评价,各个方面足够优秀的话,便可获得受国家承认的学分以及证书。

5 更新教师知识

要奠定坚实的现代型教学的基础,教师知识体系的更新是关键。教师要树立继续再教育、终身学习的思想,不断更新知识结构,教师还应该承担一些具有创新性、前沿性的研究课题,通过对课题的研究和探索,深化对自己专业领域的认识,使自己能紧跟学科的最新研究动态。教师也应当坚持理论结合实践,深入生产实践从而获得足够的经验,这样才能形成产、学、研相结合的教学特色,在教学中才能不止步于理论,让教学更加联系社会实际,真正满足学生的学习需求和社会的用人需求。

第二节　大学英语教学的构成

一、教学内容

对于大学英语教学来说，教学内容是它的构成要素之一，如果教学内容不存在，那么课堂教学也不会存在。受时间、地点、班级、教师、学生及目标各种因素的影响，课堂教学内容会有所差别。短期来看，课堂的教学进度、教学和学习效果都会受到课堂教学内容的影响；长远来看，想要学生达到从中介语到目标语的积极进步，课堂教学内容的安排就要科学合理。

本堂课的上课内容应该在课前就做好决定。一种错误的观念认为对教学内容作决策十分容易，只需按照教科书的固有顺序授课就行了，这是十分盲目的行为。原因有两个：站在整体的角度上，某一本教科书的编排，其教学顺序是根据大纲的要求、教学原则和目标以及特定教学对象所编排的，这只适用于某一特定阶段，对于其他不同地区、学校和班级的学生，就会发生不适用的情况。站在局部的角度上，课堂的教学内容应与此堂课的教学目的及教学任务合而为一，因此每堂课都应以此为依据做出一定的修改与调整，进行一些增减及顺序调整等。

在传统的大学英语课堂中教师的教学只能根据教科书的固有顺序，对前后顺序进行调整就已经算是变革了。教师与学生的关系就像两个齿轮之间的关系一样，依靠特定轨道持续向前行进，但问题在于教师与学生怎么能是没有自主权及自我意识的齿轮。对于传统课堂来说没有自主权就是它最大的弊病之一，教师尚且不能依据需要去选择教学内容，学生就更不可能实现了。经研究表明，课堂教学发展顺利与否与教师和学生是否对教学内容有自主选择权息息相关。当然，大学英语作为基础教育的内容之一，其教学范围和内容都由学生决定也不是一个理智的做法。上述观点只是希望能够适当增加师生在教学内容方面的自主选择权。那么对于教学内容的范围应该怎样划分呢？以下就是大学英语的主要教学内容。

所有人类文明的成果,包括各种物质文明与精神文明,都可以作为教学内容。教师在编排课堂教学内容的同时,把所有在学生语言能力范围内的内容集中到一起,既方便了学生的语言学习,也能最大可能地让学生学到更多的知识。

教学的内容还可以从语义系统、语言学系统、语用系统三个方面进行反映,教师在进行教学活动的内容安排上,要充分利用好这三个系统,以便进一步提高学生的语言水平以及形象思维能力,同时扩宽学生的逻辑思维与创造性思维。

语言课堂的教学内容,不能受学习材料的限制,可根据教学内容中的重点内容,合理安排学生的活动内容。语言能力的提高离不开语言的实践,如何科学地将课本题材、语用特点以及语法要求三者进行结合,并编排好合理且适合学生又可以提高学生技能水平的活动,是所有教师都应该深入研究的问题。课程内容的安排决定了学生的课堂活动是否有效。教师根据相同的材料、结构以及语法提供不同的活动内容是最能反映出问题的。随着时代的不断进步,教学的理念以及技巧也在发生着变化,英语教师也逐渐开始尝试以前不太熟悉的活动方式,比如对话的形式、小组讨论、角色扮演、趣味游戏等。故此,为对话设计的剧情、为小组讨论规定的主题、角色扮演设置的中心思想等,都是教师必须考虑的内容。如果长时间忽略学生对内容表达的训练,将直接影响学生的英语思维能力、信息的接受能力以及表达能力。总而言之,课堂的教学内容不能局限于课本上的文章、词组以及语法等方面,还要制定一些新颖的方式,对课堂中所表达的内容提出相应要求,并进行详细且有计划的训练。

二、教师

教师作为课堂教学的主要组成因素,不仅要掌握整个课堂的进展,还要对学生作出恰当的、适时的指导。只有具备基本的专业素养和良好的职业素养,才能够成为一名优秀的英语教师。从教学角度上来说,如果教师的发音欠缺,可以通过多媒体、视频及音频等形式进行相应教学,以保证学生学习正确地发音。并且,教师在解说单词、课文和语句的过程中应该富有激情及活力,无聊沉闷的课堂很难激发学生学习的积极性,这样的教师也很难受到学生喜欢。教师应该用热情饱满的精神面貌激发学生的热情,也要增加与学生的情感和思想交流,从而缓解课堂的沉闷气氛。

教师主要通过在课堂上与学生进行交流,从而达到控制学生的情感因素,促使学生获得语言输入。学生获得易接受的语言输入的主要来源就是英语教学过程中的教师的课堂语言。学生语言学习的效果受教师课堂语言的直接影响。趣味性也是英语课堂中非常重要的一个问题。如果授课教师幽默风趣,那么学生会在更轻松的氛围里学习,这有利于提高学生的注意力和积极性。学生的反应又会激发教师更强烈的教学热情,好的英语教师应该使用各种方法使课堂教学生动有趣。

另外,在课堂上教师应注意随时调整自己运用语言、提问和提供反馈的形式。运用语言的形式极其重要,为了使学生对讲授的内容充分地了解,教师应采用重复话语、降低语速、增加停顿、调整措辞、简化语法规则、调整语篇等方法。在英语课堂上,提问是教师最常用的也是非常有效的教学技巧之一。通过提问,教师能够有效激发学生学习的兴趣,从而促使学生积极思考并实现运用启发式方法教授知识结构。提供反馈是指教师对学生的学习情况进行反馈,教师的反馈是对学生话语的回答,如表示学生问答正确或错误、扩展学生的答案、重复学生所答、总结学生回答、赞扬鼓励、批评等。因此,教师的目的就在于采用不同形式的教学方法,来调动学生的积极性并扩充学生的知识,从而促进学生学习能力的培养和整体教学效果的提升。

三、教材

教材是课堂教学的重要组成因子,教材是固定的,但学生是不断变化的,因此,任何教材的编写都会受编者水平和资料的限制,不可避免地存在某些不足之处。如果教师一味地以完成教学任务为目的而忽略学生的反应,按部就班地使用教材,恐怕很难起到促进学习的作用。因此,在教学过程中,教师应灵活处理不同的教材,在课上或课下询问学生的感受,及时调整教学的方法和进度。在教学过程中通常会遇到以下教材问题。

(1)教材的难度偏大。如果部分学生对教材理解困难,那么教师应放慢教学的进度,添加一些内容相近但难度较小的文章。教材内容会影响教师的教育思想、教学手段、授课模式和授课内容。优质的英语教材应该同时具备时代性、国际化、趣味性、启发性以及实践性等特征,符合并能满足学生的认知规律。因此,在大学英语教学中应该精选合适的教材。

（2）教材语言材料过于简单。这样的教材会令绝大多数学生对教学内容熟记于心,虽然课堂活跃、学生交谈的兴致很高,但也只是操练旧的语言知识和技能,不利于学生对新知识的吸收和语言能力的发展。遇到这种情况时,教师应注意为学生添加一些具有挑战性的语言材料,使用一些略高于现有水平的词汇、句子及课文,这样的材料便于学生理解同时富有一定的挑战性,进而可以激发学生的学习兴趣及学习动力。

（3）教材形式过于死板,趣味性不强。此时教师应注意增添一些符合学生心理特征的内容以增强课文的趣味性。

（4）教材没有按照先易后难、先浅显后深入的原则编排。此时教师可以以整本教材为依据,调整教材文章的先后顺序。

四、教法

教学方法是教师和学生为了实现共同的教学目标,完成共同的教学任务,在教学过程中运用的方式与手段的总称。

纵观英语教学的历史,英语教学中涌现了不少教学方法,这些教学方法都在英语教学中发挥过重要作用。但实践表明,没有最好的,只有最有效的教学方法。也就是说,如果在教学过程中采用固定的、一成不变的教学法,必然会引起学生的反感,进而降低教学的效率。即便只是在一节课中使用一种教学方法,学生也会感到乏味,从而影响课堂教学效果。因此,在整个教学过程中和某一具体课堂教学中,都要采用不同的教学方法,这些教学方法对语言技能各有侧重,这样才利于学生英语能力的全面发展。

在大学英语长期发展中,教师始终注重听、说、读、写、译等基础语言技能的培养,而教师在针对英语课程展开教学设计的过程中,也应该以上述英语技能为核心实施教学活动。为了全面调动学生的积极性,提高学生的注意力,优化课堂的教学效果,教师在开展教学设计时,应该重点关注教学手段和教学方法,合理安排教学内容,扩展学生语言思维,灵活选择教学方法,创建活力课堂。

第三节 大学英语教学的理论依据

一、多元智能理论

（一）多元智能理论及其评价理念梳理

美国教育心理学家霍华德·加德纳是多元智能理论的提出者。1983年，加德纳教授作为"人的智力潜能及其开发"研究项目中创造力研究的领导者，通过广泛的心理学研究，提出了一种多元理论思想，该思想旨在了解不同认识类型和能力对于独立个体的认知方式和对世界的理解，证明了人类的思维和认知方式是多样化的。因此，他在同年撰写的《智能的结构》中正式提出了多元智能理论。多元智能理论的提出彻底颠覆了传统智力观念，给教育和心理学领域带来了新的思考和探索。在此之后他又于1999年、2006年撰写了《智力的重构》和《多元智能新视野》两本著作，对多元智能理论进行了更为详细的解读。目前，加德纳教授对智能的最新定义为："智能是一种信息运算能力、是处理某种类型信息的能力、是源自人类生物学和人类心理学的能力[1]。"起初，他认为人的智能包括语言、数理逻辑等7种智能。后期随着加德纳教授对多元智能理论进行更深入的研究后，又在《智力的重构》中补充了自然观察和存在智能。对于存在智能，因它只满足8个判据中的7个判据，因此被称为半个智能[2]。

加德纳主张评价是一个持续发展的过程，既要注重发掘每名学生的优势智能，也要承认个别差异、倡导真实客观的评价方式。多元智能评

---

[1] Howard Gardner. Multiple Intelligences: New Horizons[M]. New York: Basic Books, 2006.
[2] 沈致隆. 多元智能理论的产生、发展和前景初探[J]. 江苏教育研究, 2009(09): 17-26.

价理念具有评价内容、评价主体和评价方式多元化等特点。在对学生进行评价时,应将学生评价与教学相融合,将学生评价置于特定的情境中,通过各种方法和手段,考核学生多种智能的发展情况。教师在教学过程中应对学生的优势和弱势智能进行全方位的观察、评估和分析,以"为多元能力而评"的理念对学生进行多元评价。

(二)智能的具体含义和关系

1. 智能的具体含义

(1)语言智能

语言智能是"对语言文字的理解、掌握和运用能力[1]。""个体的语言智能与语言学习能力、运用语言实现目标能力以及对口头或书面语言的敏感程度密切相关,对有效地交流和表达思想至关重要[2]。"对普通人而言,语言智能的主要作用包括:解释和说明事物、表达和劝说观点、帮助记忆和理解以及自我辩解和解释。

(2)数理逻辑智能

数理逻辑智能是"具备进行数学、逻辑推理以及科学分析问题的能力[3]。"自幼年开始,此智能就不断发展。从幼年时对某些事物临时记忆的联结,到少年后对少数事物的简单估计、对数量关系含义的简单了解,再到青年后可以通过观察事物的本质来进行更深入的计算和领悟等等,都体现了数理逻辑智能的存在。

(3)空间智能

空间智能是指人类大脑能够建立外部世界模型,并能够利用和操作这个模型的能力。简单来说,就是人类能够理解和利用空间信息的能力。这种能力使得人们能够感知和理解周围的环境,同时也能够在其中进行导航、定位、规划和执行各种任务。空间智能与其他智能相比更加抽象,此智能有优势的人,不仅可以熟练使用视觉能力,也可以不借助

---

[1] 沈致隆.加德纳·艺术·多元智能[M].北京:北京师范大学出版社,2004.
[2] Howard Gardner. Intelligence Reframed: Multiple Intelligences for the 21st Century[M].New York: Basic Books,1999.
[3] Howard Gardner. Intelligence Reframed: Multiple Intelligences for the 21st Century[M].New York: Basic Books,1999.

视觉的帮助,在大脑中进行空间想象和思维建构。

(4)音乐智能

音乐智能是指个体对音乐元素的理解和运用能力,是"涉及表演技巧、音乐作品创作和欣赏音乐作品的能力[①]。"音乐智能受遗传因素影响,有的人从幼儿时期就对音乐有着极高的敏感性,他们可以感受到各种声音和节奏的变化,也可以对其进行模仿;有的人天生五音不全,也不能辨别不同声音之间的细微变化,所以音乐智能有很强的个体差异性。

(5)身体运动智能

身体运动智能是指"通过身体运动的方式来表达或实现自己的想法和创意的能力[②]。"此智能主要依赖于身体的协调能力、灵活性和精准性方面的表现。运动员、舞蹈演员、表演艺术家都在身体运动智能方面有较大优势,具体表现在个人对身体的控制和运用能力以及对各种物体的操控能力。

(6)人际智能

人际智能是指"个人理解他人意图、想法和动机,从而与他人进行高效协作的能力[③]。"政治家、企业家、心理学家在人际智能方面都具有较大优势。在全球化的时代,人与人之间的联系更加紧密,这种联系可以缩短人与人之间的距离,可以帮助人们更高效快速地完成工作。因此人际智能就显得尤为重要。

(7)自我认识智能

自我认识智能是指个人对自己的能力、知识和观点有清晰的认识,并能够及时地对自己的思想、行为和决策进行评价和反思的能力。"包括自我了解、处理自我欲望、恐惧、能力的方式,并利用这些信息来有效地调整自己行为的能力[④]。"此智能是个人不断提高的基础,它本质是一种精神上的刺激,在日常的生活和学习中,当个人为自己的错误而后悔

[①] Howard Gardner. Intelligence Reframed: Multiple Intelligences for the 21st Century[M].New York: Basic Books,1999.
[②] Howard Gardner. Intelligence Reframed: Multiple Intelligences for the 21st Century[M].New York: Basic Books,1999.
[③] Howard Gardner. Intelligence Reframed: Multiple Intelligences for the 21st Century[M].New York: Basic Books,1999.
[④] Howard Gardner. Intelligence Reframed: Multiple Intelligences for the 21st Century[M].New York: Basic Books,1999.

并决心改正时,就是自我认识智能的有效表现。

(8)自然观察智能

自然观察智能是指个体能够认识和利用自然环境和社会环境的能力。认识自然的前提条件是具有洞察力、探寻力、侦查力等,商人、侦察兵、政治家在自然观察智能方面都具有较大优势,机敏的观察能力是洞悉事物内在联系的首要因素。

(9)存在智能

"存在智能的概念源于人类对于存在问题的思考。这些问题涉及人类自身的本质,如生命的意义、死亡的原因、人类的起源、未来的走向、爱情的本质以及战争的原因等方面。这类问题超越了人类感官的限制,无法通过感官来直接感知[①]。"

2.各智能间的关系阐述

从加德纳教授的众多著作中,我们可以总结出各智能间的关系。第一,就智能的概念和本质而言,各智能之间保持着相对独立的关系,彼此之间的影响程度很小,甚至没有影响;第二,每个人的智能结构都由多种发展程度不同的智能组成,使个体具备了多元化、个性化的特点,正是因为每个人的智能发展情况互不相同,才使得每个人都是独一无二的;第三,所有智能互相合作、互补是形成完整个体智能的基础,因此不会出现一个人完全缺失某一智能,最多也就是智能发展不健全;第四,智能没有高低是非之分,也没有哪种智能是道德的或者不道德的,严谨地说,智能和道德没有关系,每种智能都具有双重性,为社会作出贡献或对社会造成破坏仅仅在一念之间;第五,几种智能同等重要。

二、社会文化理论

(一)以调节为核心的高阶心智功能发展机制

调节是社会文化理论中的核心概念之一,是人类高阶心智功能发展

[①] Howard Gardner. Multiple Intelligences: New Horizons[M]. New York: Basic Books, 2006.

的核心。社会文化理论的核心观点是，人类与物质世界和符号世界的相互作用不是直接的，而是间接的，是被文化建构的辅助工具调节的。这些辅助工具产生于人类参与文化活动的过程中，在这些文化活动中，文化制品和文化概念以一种复杂、动态的方式和彼此以及（有生物基础的）心理现象互动。人类的高阶心智功能就产生于上述文化和生理传承的不断互动中。

正如人类使用工具来调节其与物质世界的关系一样，人类使用符号工具（symbolic tools）或文化制品（culturally artifacts）向外调节与物质世界的关系，向内调节与自我的关系。认知发展意味着人类逐渐获得调节自己的心智活动的能力。借助调节概念，可以理解人类如何发展高阶心智功能。人类和其他动物一样有发展低阶或自然心理过程的生物学基础，而人类独有的则是当社会、文化形式的调节作用被内化成为高阶心智功能，从而从根本上改变这种生物学基质的高阶认知发展过程，是人类控制认知，获得自我规约的过程。

对于儿童而言，维果茨基（Vygotsky，1978）认为，儿童在成长过程中通过持续参与和成人的社会互动学会使用符号工具，特别是语言。[①] 具体过程是，成年人在与儿童共同的、目的明确的活动中使用言语工具（verbal tools），目的是规约或调节儿童的行为。儿童借用（appropriate）这些工具并以私语（private speech）的形式来组织、计划、指导、评价自己的行为。当儿童逐渐掌握这些言语工具，即这些工具逐渐被内化（internalize）时，它们将转化为内部语言（inner speech）。通过内部语言，儿童自我规约心智功能及活动。在以上过程中，儿童的认知发展经历了从客体规约（object regulation）到他者规约（other regulation），最后到自我规约（self-regulation）的阶段，而自我规约的特点就是儿童能够使用符号工具进行自我调节（见图1-1）。

---

① Vygotsky L S. Mind in society: The development of higher psychological Process[M].Harvard University Press,1978.

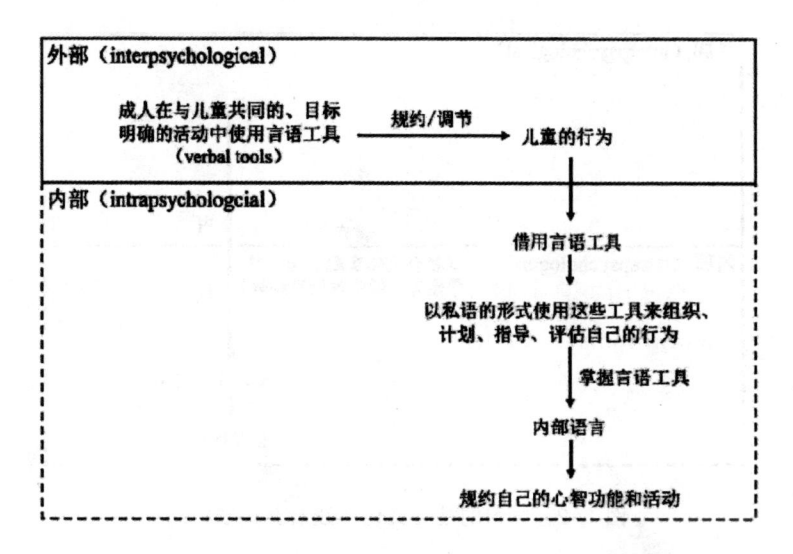

```
┌─────────────────────────────────────────────────────┐
│ 外部（interpsychological）                           │
│                                                     │
│   成人在与儿童共同的、目标                           │
│   明确的活动中使用言语工具   ──规约/调节──►  儿童的行为 │
│        （verbal tools）                              │
└─────────────────────────────────────────────────────┘
┌ ─ ─ ─ ─ ─ ─ ─ ─ ─ ─ ─ ─ ─ ─ ─ ─ ─ ─ ─ ─ ─ ─ ─ ─ ─ ┐
  内部（intrapsychologcial）                 │
│                                    借用言语工具     │
                                           ▼         │
│                          以私语的形式使用这些工具来组织、
                            计划、指导、评估自己的行为  │
│                                    掌握言语工具     
                                           ▼         │
│                                    内部语言         
                                           ▼         │
│                          规约自己的心智功能和活动    
└ ─ ─ ─ ─ ─ ─ ─ ─ ─ ─ ─ ─ ─ ─ ─ ─ ─ ─ ─ ─ ─ ─ ─ ─ ─ ┘
```

图1-1　儿童高阶心智功能发展的社会文化实践及其调节机制

上述儿童高阶心智功能的发展过程反映了人类高阶心智功能的发展过程。人类的高阶心智功能在发展过程中会出现两次，一次出现在人际间(interpersonal)，第二次出现在内心中(intrapersonal)。这种认知功能从心理间层面(interpsychological)移动到了心理内的层面(intrapsychological)的过程就是内化。内化概念反映了维果茨基(1993)对个体和环境之间辩证关系的认识，他认为，生物学基础和社会世界对人类的心理功能发挥作用都是必要的，文化使所有个体超越生物学的限制。这种对高阶心智功能从心理间到心理内的发展过程的认识对理解人类高阶心智功能的发展有着非常重大的意义。

因此，从社会文化理论视角来看，高阶心智功能发展的过程就是人类不断参与社会文化实践，在文化制品、社会互动和概念等的调节作用下，内化符号工具为心理工具，并且在心理工具的调节作用下自我规约高阶心智功能的过程（见图1-2）。高阶心智功能发展的过程亦即学习的过程。这种从外到内的转化不能孤立或自动发生，而是被文化制品和社会文化实践活动、概念以及社会互动等调节工具调节发生。在学校教育中，科学概念和师生对话互动对学习者的学习过程发挥着尤为重要的调节作用。

```
┌─────────────────────────────────────────────────┐
│ 外部（interpsychological）                        │
│                           符号工具                 │
│                             │                    │
│                             │                    │
│                        调节  │ 内                │
│ 内部（intrapsychologcial）（社会文化实践活动、科   │ 化│
│                   学概念、师生对话互动等）│       │
│                             │                    │
│                           心理工具                 │
│                             │                    │
│                           自我规约                 │
└─────────────────────────────────────────────────┘
```

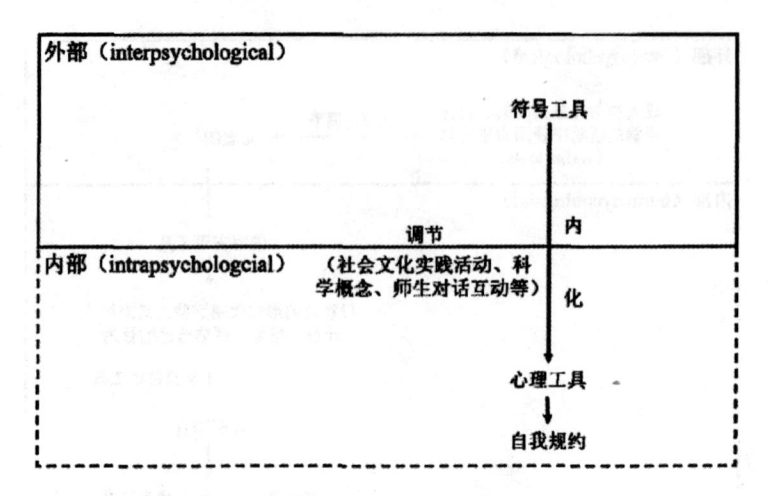

图 1-2 学习的社会文化实践及其调节机制

心理工具是外部的符号工具独特的社会表现形式,在人类高阶认知活动中发挥着极为重要的作用。人类能够使用心理工具来调节物质世界和自我的关系,还能够调节高阶心智功能的发展。因此,心理工具根据个体或共同体的需要被历史文化所塑造、传承、改造,同时向内塑造人类的高阶心智功能发展。波纳(Poehner,2008)认为,教育的主要目标是帮助学习者发展心理工具,从而帮助他们以越来越复杂的方式和世界互动。[①]

（二）社会文化给养对调节机制发挥作用的影响

社会文化理论强调社会文化历史情境在人类高阶心智功能发展中的重要作用,强调文化制品和活动、概念以及社会互动对人类高阶心智功能发展的调节作用,而生态学视角同样强调学习情境在人的高阶心智功能发展中的重要作用,关注学习过程中学习者和学习情境之间的互动关系。

社会文化理论和生态学视角都关注学习者和社会文化情境中的物

---

① Poehner M E. Dynamic assessment: A Vygotskian approach to understanding and promoting second language development[M]. Springer Science & Business Media,2008.

质或符号制品之间的互动和协商。也就是说,二者均强调社会文化情境对人的高阶心智发展的调节作用。从社会文化理论与生态学视角相结合的视角来看,学习是被调节的、情境化的活动,逐渐产生于学习者与其社会文化情境之间的互动中。而生态学中的给养概念与社会文化理论中的调节概念密切相关,强调主体与学习情境的互动关系。

社会文化理论的核心观点是,人类的高阶心智功能是通过参与社会文化实践活动产生和发展的。认知发展的过程就是外在的社会互动被内化为心理工具的过程。这种高阶心智功能从外部到内部的转化不能独立或自动发生,而是被调节发生。也就是说,认知发展或学习的过程不是一个将外部的技能或知识直接挪用到内部的过程,而是一个由高阶心智功能外部被调节的活动逐渐移动到内部由个体学习者所调节的过程。因此,认知发展的过程不只是一个文化濡化或挪用已有社会文化资源和实践的过程,而是一个将这些资源和实践根据个体学习者的需求重新建构和转化的过程。因此,个体学习者如何学习,他们学习了什么以及他们如何应用所学到的知识由个体学习者之前的经历、学习发生的社会文化情境和个体学习者的需求所决定。也就是说,以调节为核心的高阶心智功能的发展是一个高度个性化的过程。

社会文化理论中核心概念调节无法清晰地解释人类高阶心智功能发展的复杂性,说明调节工具在个体学习者的学习过程中发挥着高度个性化的调节作用,而将生态学理论中的给养概念与调节相结合,能够充分体现调节的复杂机制,增强社会文化理论对人类高阶心智功能发展的解释。

在生态学中,给养最初用来指生物体和环境中特定特征之间的相互关系,被定义为"环境为其中的动物所给予、提供和配置的,无论是积极还是消极的"。在自然环境中,当动物协调与环境的关系时,给养被感知、理解并且提供进一步行动的机会。对于不同的生物体而言,环境所提供的给养由生物体的行动、需求以及其对学习者的作用所决定。

吉普森(Gibson,2014)认为,给养既不是主体也不是客体的特性,而是主体与客体之间的关系。[①] 给养是意义潜势,或者说是一种行动潜势,当人类与物质和符号世界互动时涌现出来。意义涌现的先决条件是

[①] Gibson J J. The ecological approach to visual perception: classic edition[M]. Psychology press, 2014.

行动、感知和阐释在相互加强的循环中。

因此,从生态学视角来看,社会文化情境中调节工具的存在并不足以使它们成为调节工具,需要主体在参与社会文化实践活动时主动地感知、阐释这些调节工具及其作用。也就是说,生态学视角和社会文化理论都强调学习者的主观能动性。语言学习者不仅仅是将语言输入转化为输出的处理器,应该被理解为能动的主体,而非知识的被动接受者。从生态学的视角来看,这意味着个体学习者就像处于生态环境中的生物一样。虽然所处的生态环境相同,不同的生物体对环境的感知却是不同的。

不同于自然给养,提供社会文化给养的人工制品的设计中包含历史、社会或文化信息,因此,这些人工制品对人类而言有特定的用途。对于个体学习者而言,学习情境所提供的社会文化给养是不同的,由个体学习者的行动、需求以及其对学习者的作用所决定。当社会文化情境中的调节工具与学习者的需求匹配时,调节工具就能为学习者的认知发展提供社会文化给养。也就是说,社会文化给养是环境与学习者之间匹配的关系。如果个体学习者感知不到其存在的话,社会文化给养就不存在。社会文化给养被感知到后,能动的个体学习者阐释并将其转化为学习行动。因此,将社会文化给养概念与社会文化理论相结合强调了能动的个体学习者及其所处的社会文化情境之间的相互关系。从二者结合的视角来看,学习的过程是个体学习者感知学习情境中丰富的社会文化给养,并将这些行动可能性转化为学习行动的过程。

上述对学习过程的基本认识符合社会文化理论对学习过程的基本认识。在探讨个体和社会文化情境之间的关系时,学者们认为,个体与其环境之间的关系是互相定义的。也就是说,对于不同的个体而言,环境所提供的社会文化给养是不同的。在解释个体发展和行为时,个体和环境不应被看作不同的因素。在个体发展的过程中,个体和环境之间的关系是相互塑造的。因此,环境对于每个年龄和心智能力不同的儿童而言,并不是完全相同的。例如,同样的一本书,一开始儿童可能只是撕碎这本书,随着儿童的成长,书就能够被儿童所阅读和赏析。也就是说,对于每一个个体而言,物理环境可能是完全客观的,但随着个体不同的阐释,没有完全客观的社会文化情境。因此,作为社会文化情境的核心组成部分,调节工具对个体发展的调节作用是高度个性化的。也就是说,调节是一个非常复杂的概念。

因此,将社会文化给养与调节这两个概念相结合,能够体现出调节机制的复杂性和动态性,从而增强了社会文化理论对人的高阶心智功能发展的解释力。高阶心智发展是学习者与社会文化情境不断互动的结果。在高阶心智发展的过程中,学习者不断感知和阐释学习情境中的社会文化给养,即调节工具能够如何为其所用,进而采取相应的学习行动。在此过程中,个体学习者对调节工具的感知和阐释是高度个性化的,逐渐出现于他们与社会文化情境的不断互动中。

学习文化,即不同文化共同体的成员对如何教或学不同的偏好、预期、理解、价值观和信念,是影响学习者理解和参与学习活动的重要因素之一。学习者理解和参与学习活动的方式受到其动机的影响。在具体的学习活动中,学习动机表现为学习者的学习目标。因此,个体学习者对调节工具的感知和阐释受其学习动机和学习目标的影响。而学习动机和学习目标又进一步受到学习者过往学习经历、重要他人(父母)、课程设置及要求、学习者的学习信念和内在学习兴趣等因素的影响。

三、建构主义理论

建构主义理论描述了学习行为的特点、环节和知识掌握的心理过程。瑞士心理学家皮亚杰创建了建构主义理论。该理论认为学习是共同体行为,在一定的社会背景中,学生利用所需要的学习材料与同伴进行互动,并使用意义建构的方式获得知识的过程就是学习的过程。学习的本质就是学生在已有的知识或者经验的基础上去理解吸收新的知识,从而进行新的知识构建。任务型教学法最突出的特点是"在做中学",强调师生互动、生生互动,教师向学生布置任务时通常采用小组合作的互动方式,充分体现了建构主义学习语言的共同体思想。学生需要积极调动自己已经掌握的知识或者经验并将其进行运用,从而促进新的知识构建。在整个教学过程中,学生位于课堂的中心地位,教师主要发挥引导和监督的作用,当学生遇到问题时及时给予帮助,通过提问、对话、情境、探究、协作等要素,使学生在意义构建的过程中获得新的知识。

四、克拉申的输入假说

克拉申(Krasen)于1985年提出输入假说,该理论是克拉申在输入理论研究方面较为成熟完整的一个理论。克拉申的输入假说包括习得学得假说、自然顺序假说、监察假说以及情感过滤假说。输入假说阐释了二语习得的过程。[1]

克拉申(1985)认为在二语习得的过程中,学习者通过可理解输入来学习目标语言。可理解输入是指输入的内容在学习者可接受、可理解的范围之内,同时又要稍高于他们现在的认知水平。学习者现有的认识水平为"i",学习者现在的水平与进入可理解输入范围后达到的水平之间的距离为"1",最后实现或达到的水平即为"i+1",该公式也是克拉申输入假设的重点。通过该假说,我们发现语言学习者如若要提高语言能力,进行可理解性输入是不可或缺的环节。

然而输入假说也存在着一些局限性,输入假说认为大量可理解的输入可以提高学习者的语言能力,但如果只有单方面的语言输入而没有输出,学习者的语用能力就无法得到提升,而Swain的输出假说正好弥补了这一局限性。

五、斯温的输出假说

斯温(Swain,1985)在加拿大法语沉浸式教学研究中发现单方面的、大量的可理解性输入并不能达到语言输出的目标。[2] 因此,斯温提出输出假设理论,她认为在二语习得过程中必须进行大量的输出练习,仅有语言输入是不够的。她基于输出和输入在语言习得中的不同作用提出了可理解性输出。斯温指出在学习者进行语言输出时,可以扩大他们中介语的知识并提高他们的交际能力。这说明学习者的输出也要在原有的基础上可理解地输出,才能更高效地将输入转化为内在知识再输

---

[1] Krashen S. The Input Hypothesis: Issues and Implications[M]. New York: Longman, 1985.
[2] Swain M. Communicative competence : Some roles of comprehensible input and comprehensible output in its development[J]. Input in second language acquisition, 1985, 15: 165-179.

出,提高语用能力和整体的语言能力。

斯温(1985)的输出假说认为输出在二语习得中发挥着三个功能:第一,注意式触发功能,即学习者对自身的语言形成或不足产生注意,从而增加学习者学习的兴趣并触发学习的认知加工程序,有利于下一步的加工与习得。第二,检验假设功能,在输出过程中,学习者可以检验输入材料的语言形式的正确性和自身知识的掌握程度,以达到对输入的更深层的理解,内化知识,提高语用能力。第三,元语言反思功能,元语言反思是用语言对语言进行反思和思考,并通过语言的表达来对语言的形成和结构进行思考。

产出导向法是以输入假设和输出假设为理论基础。从输入角度来说,在产出导向法的促成阶段,教师要为学生提供输入材料以帮助学生完成产出任务以及语言输出目标;从输出角度来说,在产出导向法的驱动阶段使用输出驱动,让学习者尝试输出,从而发现不足并产生兴趣。产出导向法最终在克拉申的输入假说和斯温的输出假说基础上,提出了"输出—输入—输出"的教学环节,最终达到语言输出的目标。产出导向法的提出不是毫无根据的,也不是一蹴而就的,而是分析了输出输入的优缺点后,综合了其优点而创新形成的一种完整的有科学性的教学理论。

第二章　翻转课堂教学概述

　　翻转课堂是以信息技术为媒介支撑,以学生为中心的教学理念。这种教学理念有助于推动教育改革。在当前社会发展背景下,翻转课堂教学模式的应用范围越来越广泛,深受人们的认同。本章主要针对翻转课堂产生的背景、翻转课堂教学模式理论、翻转课堂与传统课堂的碰撞、翻转课堂应用于大学英语教学的意义与对策展开论述。

第二章　翻转课堂教学概述

第一节　翻转课堂产生的背景

自从 2011 年可汗学院创始人萨尔曼汗的演讲《让我们用视频重塑教育》引起轰动后,翻转课堂开始为人们所熟知。追根溯源,我们可以看到两个翻转课堂的经典样本几乎同时出现。

来源于美国科罗拉多州落基山的"林地公园"高中化学教师乔纳森·伯尔曼(Jonathan Bergmann)和亚伦·萨姆(Aaron Sams)发现学生总是难以将课堂上学到的知识应用到家庭作业和日常实践中,于是在考虑如何给因病无法出席课堂学习的学生补课时,利用录屏软件录制 PowerPoint 演示文稿及教师讲课音频,并将制作好的视频放置到网站上以供缺课的学生使用。他们大胆创新,翻转课堂,"翻转"上学的讲座和回家的作业。课前,学生观看教师录制的视频或 PPT,按自己的节奏停顿或重复,做笔记。在课堂上,教师的角色从舞台上的圣人转变为一旁的引导者。他们在课堂上进行巡视,检查每名学生的学习情况,并通过小组作业和一对一辅导来帮助困惑的学生。通过这个模式,他们发现学生的成绩提高了。两位教师的翻转课堂教学实践取得更好的教学效果。

美国人萨尔曼·可汗是华尔街的金融分析师,后转行当了一名教师。他将视频放在 YouTube 上,并收到来自世界各地的好评。他创立了可汗学院,实现"教"与"学"的统一。他的受众反馈说他们更喜欢可汗学院的自动化版本,因为他们可以让自动化视频暂停、重复和回顾他们可能在几周前学到的内容。在一个不起眼的平房里,成千上万的精彩视频被录制并上传到 YouTube 上,需要帮助的人可以随时免费观看。Salman Khan 提出,这种模式利用技术使教室人性化。与乔纳森·伯尔曼的做法最大的不同是,可汗学院有一个学习系统,帮助教师了解学生的学习情况,并提供准确的辅导。系统运用大数据,以三种颜色展示学生的学习情况,包括学习内容、作业等。教师可以提供一对一的指导。

他们的尝试和努力取得了丰硕的成果,启发了世界各地的教育界重新思考信息时代的教学模式。

第二节 翻转课堂教学模式理论阐释

一、翻转课堂的概念

翻转课堂在英文中是"Flipped Classroom"或"Inverted Classroom",翻译成中文是"反转课堂"或"颠倒课堂",这种新型的教学模式是随着互联网及信息技术的发展而产生的。翻转课堂不同于传统课堂,通过学生课前在家观看微视频和相关资源,完成课前自主学习任务,从而学习单元课时的知识点,课堂是师生之间合作交流、答疑解惑的平台,提高学生知识内化效果,提升知识灵活运用的能力,极大地推动了教学效果!

翻转课堂可以追溯到 21 世纪的美国。

Lage(2000)是一名美国研究者,他在"Inverting the Classroom: A Gateway to Creating an Inclusive Learning Environment"一文中详细地介绍了他们在给学生教学时所采用的"翻转"教学方法,虽并没有明确提出"翻转课堂"一词及其概念,但也算是首次较为系统地论述了何为"翻转课堂"及其教学流程。[1]

Bergmann(2012)就任于美国科罗拉多州落基山的林地公园高中,他在《翻转课堂与慕课教学:一场正在到来的教育变革》一书中详尽地阐释了他们通过十多年实践论证的一种全新的翻转式课堂教学模式的科学性和实用性。基于实验的成功,翻转课堂才正式命名。[2] 该书指出,翻转课堂教学模式改变了传统的以教师单向传授知识为教学主导的教

---

[1] Lage M J, Platt G J, Treglia M. Inverting the Classroom: A Gateway to Creating an Inclusive Learning Environment[J].The Journal of Economic Education,2000,31(01):30-43.
[2] Bergmann J, Sams A. Flip Your Classroom: Reach every student in every class vevry day[M]. International Society for Technology in Education, 2012.

学模式,通过翻转课堂,教学以学生为授课中心,授课进程和授课内容以学生吸收接纳程度为依据,更贴近教学实际,更好地培养了学生的学习思考能力和创新能力。这是教育的流行趋势,在这种课堂中,面对面教学和个性化学习通过现代技术完美结合。同时,它将在线资源和技术与教师和学生之间的双方互动相结合。

Mazur(1991)为20世纪90年代初的哈佛大学教授,他曾在校内推广一种循证、互动式教学方法。[①]正如维基百科指出的那样,这是一种以学生为中心的方法,通过将信息转移出去并将信息同化或学习应用转移到课堂上来的翻转课堂。翻转课堂是一种基于同伴教学的新表现形式,随着信息技术和教学理念的发展,必然具有创新性。翻转课堂颠覆了传统课堂的教学结构,试图将被动学习转变为主动学习,是主动学习与信息技术的结合。在这种方法中,宝贵的课堂时间转移到学生身上,让学生专注于深入探索,并根据他们的个人需求寻求学习帮助。

国内的学者也对"翻转课堂"的概念进行了长期研究。

张金磊(2013)在《"翻转课堂"教学模式的关键因素探析》中通过对翻转课堂内涵的解读,明确教师角色的定位,并围绕微课视频、课堂活动的设计等关键因素进行探析。[②]

北京师范大学何克抗(2014)《从"翻转课堂"的本质看"翻转课堂"在我国的未来发展》较深入地论述了"翻转课堂"的真正内涵与本质,并为翻转课堂在我国的未来发展("翻转课堂"的中国化)提出了明确的、可实施的重要参考。[③]

本书综合了国内外学者对翻转课堂概念的界定,对翻转课堂作出如下定义:翻转课堂是利用现代教育技术,录制微课教学视频并将微课和其他配套学习资源提供给学生,让学生在课前通过自主学习,完成新知识传授环节,而将巩固练习的知识内化环节放到课堂上,并通过答疑解惑、合作探究等方式来实现真正的知识内化的教学模式。翻转课堂颠倒了传统课堂的教学顺序,将先教后学变为先学后教,遵循了学习的自然

[①] Mazur E. Can We Teach Computers to teach?Computers have yet to cause the revolution in physics education that has long been expected[J]. Computers in Physics,1991, 5(01):31-38.
[②] 张金磊."翻转课堂"教学模式的关键因素探析[J].中国远程教育,2013,(10):59-64.
[③] 何克抗.从"翻转课堂"的本质看"翻转课堂"在我国的未来发展[J].电化教育研究,2014,35(07):5-16.

规律,翻转课堂注重学生自主学习能力和合作学习能力的培养,使学生真正成为学习的主体。

二、翻转课堂的特点

从翻转课堂的定义和发展中,我们可以发现翻转课堂的三个明显特征。

一是翻转课堂的教学模式依赖于微视频。微视频意味着所有的教学视频都是简短而全面的。10分钟长的视频符合视觉驻留的规律,让学生专心学习,摆脱传统课堂的弊端。同时,音频和视频的同步有利于学习者在学习过程中融入更多的注意力。

二是教学结构重构。传统的教学模式是指派学生在校外阅读教科书和解决问题,同时在课堂上听课和参加考试。翻转课堂在上课时间进行自主动手操作,学生通过实践和提问来学习,学生也可以互相帮助,这个过程对高级和低级学习者都有利。讲座不再是一刀切,而是让学生自定学习进度。同化和内化是在课堂上通过小组工作、同伴互动和一对一辅导完成的。

三是教师角色的转换。翻转课堂把教师从中心位置变成了探索知识的向导。翻转课堂以学生为中心,教师关注学生的问题和学习进度,而不是解释他的讲座和设计活动。在辅导、探索和做实验的过程中,教师是学生的伙伴。教师不再在舞台上,而是在学生中四处走动,走近学生,了解他们的学习情况,并在学生需要时提供帮助。

(一)教学视频短小精悍

翻转课堂模式下,采用的教学视频短而精,视频时长通常控制在10分钟左右;教学视频要简练,内容涉及一个或最多两个知识点。

(二)学习时间自由灵活

在传统的教学中,根据教学进度,教学时间不能自由灵活地设置。但在翻转课堂中,教师和学生可以打破时空的约束,学习的场所转移到网络上,这有利于师生和生生间的互动,教师的教学和学生的学习方式都得到了创新。

(三)学生的个性化发展

翻转课堂模式下知识点的获取,不仅来自教师课堂上的讲解,还来自课前教师发布的学习资料。课前学习阶段,教师协助学生完成学习任务,同时了解学生知识的吸收情况,并根据学生的学习能力给予个性化的指导,最大限度地帮助所有学生全面发展。

三、翻转课堂的理论基础

(一)建构主义学习理论

1. 建构主义学习理论的历史根源

建构主义是在皮亚杰(Piaget)和维果茨基(Vygotsky)研究的基础上形成的。结构主义认知心理学的代表主要是皮亚杰。"建构主义",并不是一个新词,是我国近年来对于原来译作"结构主义"的英语单词"Constructivism"的另外一种译法,诸多领域都使用这个术语,我国学者认为建构主义是一个广泛而模糊的词,不同领域不同的人使用这个术语的含义也不尽相同。[①] 建构主义深受皮亚杰和维果茨基研究的影响,并从中汲取了诸多重要内容,主要包括以下四个方面。[②]

(1)社会学习

维果茨基指出,儿童在与知识能力比自己更强的同龄人或是年长者之间开展互动性的学习活动过程中,同龄伙伴的思维会潜移默化地对儿童产生影响。这样一来,所有学生不仅可以分享学习结果,而且大家都可以比较容易地了解某位学生的思维过程。维果茨基提到,成功的问题解决者在解决问题时往往喜欢自言自语。在合作学习的过程中,儿童就可以通过观察去发现成功的问题解决者思考和解决问题的方法和过程。

---

① 皮连生.教育心理学[M].上海:上海教育出版社,2004.
② Robert E.Slavin.Educational Psychology:theory&practice[M].北京:北京大学出版社,2004.

（2）最近发展区

"最近发展区"是由苏联教育学家维果茨基提出的。他认为学生的发展有两种水平："一种是学生的现有水平，指独立活动时所能达到的解决问题的水平；另一种是学生可能的发展水平，也就是通过教学所获得的潜力，两者之间的差异就是'最近发展区'。"[1]当儿童无法独立完成某项任务，但是在别人的帮助和自己的努力下能够完成此项任务，说明该儿童的学习任务是处在最近发展区中。例如，在阅读教学中，如果一名学生阅读小说之后并不能独立地概括出该小说的主旨，但是在教师的引导下就能够概括，说明概括小说的主旨很可能就处于他的最近发展区中。

（3）认知学徒期

认知学徒期是从前两个概念中衍生出来的，学习者通过与年长者、成年人或者知识能力水平更高的同龄人在互动过程中获得专业技术，这一过程被称为认知学徒期。学生的学习也是学徒的一种形式。建构主义理论家认为，教师想要将这种长时间的、有效的教学模式迁移到课堂教学当中，必须做到：一，当学生完成困难复杂的活动时，教师要帮助其完成；二，学生需要和不同类型的小组合作完成各种各样的学习活动，在合作过程中，小组里知识能力水平更高的学生帮助知识能力水平较低的学生去完成复杂的活动任务。

（4）中介学习

维果茨基十分强调搭建支架和中介学习，这是当代建构主义理论中的一个重要思想。中介学习是指教师应该给学生安排困难的、复杂的、能够实现的活动任务，并且教师要给予学生足够的帮助去完成学习任务。情境学习与中介学习密切相关，情境学习指发生在现实生活中的、真实任务中的学习。

2. 建构主义学习理论的基本观点

早在20世纪80年代，建构主义学习观就出现于美国，这给信息加工心理学提出了挑战，并逐步从认知主义流派中脱离出来。建构主义学习理论对传统教学产生了巨大冲击，被喻为教育心理学中的"一场革命"。建构主义学习理论的基本观点主要包括：知识观、学习观、学生观、

---

[1] 列·谢·维果茨基. 维果茨基全集：第6卷[M]. 合肥：安徽教育出版社，2016.

教学观四个方面,下面重点阐述知识观和教学观。

（1）建构主义学习理论的知识观

知识观是指随着知识储备的不断增加,人们开始对"知识"本身进行思考,其实是对"知识"本身的一种"元认知"。"由于知识观是对知识本身的'元认知',即对知识的根本看法,这就意味着其内在包含了诸多困惑与假设,其范围是很广的,其中就包括了教育中的知识观。"[①]

建构主义学习理论的知识观认为,虽然世界是客观存在的,但是每个人对客观世界的理解都是在自身已有经验基础上建构的,人们可以根据具体情境对具体问题进行再创造。因此,不同的人由于经验的不同,对同一事物会有着不同的理解。知识只是一种解释和假设,并不是对客观世界绝对正确的表征,只是一种相对合理的阐述,无法对世界的普遍规律进行归纳,也不是问题的最终答案。知识对于不同事物来说有不同的特性和意义,也会随着人类思想和科学技术的进步不断地被推翻,形成新的解释内容。这里强调知识具有不确定性、变化性,学生也可以成为知识的"创造者"。正如皮亚杰所说："知识并不取决于主体的内在构造,也不取决于其内在的性质,它是利用内在结构的中介加以认识。"[②]

（2）建构主义学习理论的教学观

建构主义学习理论的教学观认为,教学并不是简单的知识传递的过程,教师应该要对知识进行处理和转换。这个处理和转换就是指教师要倾听学生的声音,了解他们内心的想法,关注学生的看法,从而想办法引导学生丰富和调整自己原有的理解。这里需要注意的是教师不能一味地做知识的灌输者,而是要和学生有一个良性互动,听到学生的声音,最终让学生更乐于主动地丰富和完善自己的认知结构。

总之,建构主义者强调知识具有动态性,认为学生的经验具有丰富性和差异性,强调学习的主动建构性、社会互动性和情境性。

3. 建构主义学习理论的教学模式

建构主义学习理论强调学生在学习过程中主动建构知识,尊重学生

---

① 李卉婷.建构主义知识观下教师话语权力的反思与重构[D].浙江师范大学,2015.
② 张奎明.建构主义视域下的教师专业发展研究[M].北京:北京师范大学出版社,2017.

以往的学习和生活经验、尊重个体差异,充分发挥学生的主体性,强调学生学习的主观性、社会性、情境性。几种教学模式应运而生,主要包括:支架式教学、抛锚式教学、随机进入教学。

(1)支架式教学

支架式教学(scaffolding instruction)认为,教师应该为学生理解知识提供一种概念框架(conceptual framework),这种框架中的概念有助于学生进一步理解问题。因此,为了让学生对问题的理解逐步深入,教师需要提前把复杂的学习任务进行分解。这能够让学生逐渐加深对知识的理解,提高自己解决问题的能力。这一教学模式充分发挥学生的主体性,教师只是在学生无法解决问题时起到指导作用。

(2)抛锚式教学

抛锚式教学(Anchored Instruction)又被称为"实例式教学",认为教师应该为学生提供一个与本课相关的情境,抛出一个具有真实性的、与学生生活相关的"锚点"问题,让学生先尝试解决较为简单的问题,理解知识的使用情境,然后再引导学生解决其他较难的问题,培养他们灵活迁移和运用知识的能力。

(3)随机进入教学

随机进入教学(Random Access Instruction)认为,同一个学习内容需要在不同的时间通过不同的途径和方式多次进行,每次的学习情境都各有差别,有着不同的侧重点,可以让学生从不同情境中对同一个事物或问题获得不同的理解。"随机"并不是指随便地、毫无目的地进入学习,而是强调同一知识要在不同情境下呈现。"进入"也不是无意识的简单重复,而是强调对不同情境下的知识进行多维度的理解。随机进入教学能够提高学生在不同情境下多维度思考和分析问题的能力,获取对相同知识的不同理解,促进学生对知识的理解迁移,进而发展学生的发散性思维和创造性思维。

(二)人本主义理论

20世纪50、60年代,人本主义在美国兴起。人本主义教育观认为学生占教育中的主体地位,应重视学生的内在动机与需要,激发学生的学习动机。教师应是学生学习的鼓励者、促进者、帮助者、合作者,强调在教育过程中,必须看到学生是一个会思考、有感情、能活动的独立个体,必须充分尊重学生的独立性与自主性发展。[1]

(三)掌握学习理论

20世纪60年代,掌握学习理论在美国兴起。布鲁姆总结分析其他人的理论观点后,认为大多数学生都能学好,每名学生都是独特的个体。由于每个人的学习能力不同,他们对于学习知识所需要的时间是不一样的,因此,不同学生的教学方法和学习方法也应该有所差别,教师针对不同学生要采用不同的教学形式。掌握学习理论强调学生只要有充分的时间与条件,加上正确的学习方式、方法,大多数的学生都能够学好。[2]

四、翻转课堂的教学模式

(一)翻转课堂教学模式的流程

1. 课前翻转

(1)教师准备

要实现课前的翻转,教师需要借助互联网技术提前准备教学视频,并将视频上传至网络供学生学习。同时教师需要设计制作清晰的学习指导单,明确课前学习的任务,帮助学生自主学习知识点,在完成任务单的过程中提出学习中存在的问题,以待课堂中分析讨论。

(2)学生准备

学生根据教师上传的资源,在家自主观看教学视频,观看视频的时间和节奏由学生自己把握。为了提高学习效率,学生可以对视频快进或倒退,也可以暂停进行思考,并提出自己的疑惑,同时将自己的问题记录下来,方便和同伴进行分享交流。

观看教学视频之后,学生要完成课前学习任务,来加强对课前知识

---

[1] 马锦华. 人本主义教学观与素质教育[J]. 教育探索,2002,(10):25-26.
[2] 彭丽华. 试析掌握学习理论在教学中的运用[J]. 中国成人教育,2006(3):106-107.

的巩固。在完成课前学习任务的过程中,学生对存在的疑惑进行记录,以便进行互动交流。

在课前学习的过程中,学生与学生、教师之间可以进行在线交流。通过网络,同学之间对各自的学习收获进行分享并探讨课前学习中遇到的问题,互相帮助解答。对于不能解决的疑惑,学生可以在线反馈给教师,教师对学生进行个别指导,帮助学生解决疑难问题。

2. 课中翻转

在翻转课堂中,师生需要共同明确探究的问题:教师需要针对教学内容的重难点,提出相关的问题;学生则将自己课前学习中存在的问题以及与同伴交流中未解决的疑惑在课堂中提出。

翻转课堂中,设置合作探究式的活动。开展活动前,教师对学生进行分组,每组人数控制在 5 人左右,每组推选一名组长。每个成员在合作探究活动中,要积极参与,勇于表达自己的思想,在互动交流中拓展自己的思维。每组还要将个人及小组的成果进行展示,可以通过演讲、成果演示或小型的比赛等形式来分享学习的收获。

3. 课后拓展

翻转课堂的教学不能忽视课后反思与拓展。课后教师通过布置针对性的拓展练习,对学生思维进行拓宽与升华。因此,教师根据学生在学习活动和作业环节的综合表现进行评价,布置个性化的课后任务。

课后拓展可以包含英文原声电影观赏、英文经典原著阅读、联想单词记忆、英文歌曲视唱等多种形式。学生通过拓展训练,实现英语综合能力的提高。

(二)翻转课堂教学模式的模型

概念界定之后,仅能理解课前、课上、课后学习过程中每一阶段的作用以及最终要达到的目标,并没有指出每一阶段明确的活动步骤。为了更好地进行教学环节设计,应借鉴经典翻转课堂教学模型,发现、总结共性的活动步骤,从而为后面的教学环节设计提供思路。较典型的教学模式有:

美国富兰克林学院的 Robert Talbert 通过任教总结出来的翻转课堂

第二章 翻转课堂教学概述

教学模型,主要分为课前和课中两个部分。课前,学生通过教学视频学习,并进行针对性的课前练习;课上,首先通过快速、少量地评估来检查课前的学习效果,然后解决问题以促进知识的内化,最后总结和反馈问题和知识,具体的结构模型示意图如图2-1所示。

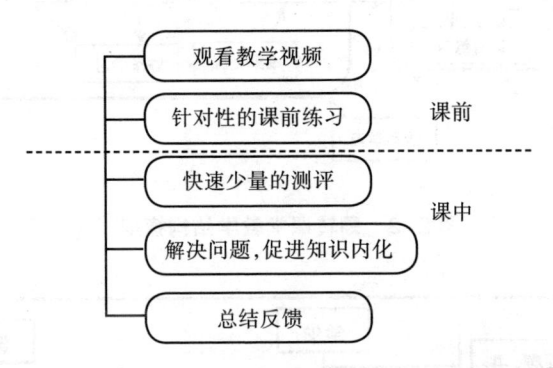

```
观看教学视频
针对性的课前练习     课前
- - - - - - - - - - - - - - - - -
快速少量的测评
解决问题,促进知识内化   课中
总结反馈
```

图2-1 Robert Talbert 的翻转课堂教学结构模型[①]

南京大学研究生张金磊完善了 Robert Talbert 的结构模型,细化了各个学习环节,将信息技术与活动学习相融合,强调课前与课中之间的交互性以及根据不同的学习内容创建不同的学习环境,进行针对性的教与学。[②] 其中,他着重强调了信息技术因素,指出信息技术的支撑是学习活动顺利进行的重要保证,但此模式要求学生在课上独立探索,对学生的学习能力要求较高,模型结构如图2-2所示。

河南师范大学李娟等人利用播客平台资源丰富的特点创设了"基于播客的翻转课堂模式",此种方式打破了学习资源仅源于教师的限制,同时,学生还可以将自己的学习成果上传到播客,具体教学结构模型如图2-3和图2-4所示。

[①] 蒋辅成. 翻转课堂教学模式在高中物理新课教学中的实践研究——以四川省大邑中学为例[D]. 西南大学, 2021.
[②] 张金磊等. 翻转课堂教学模式研究[J]. 远程教育杂志, 2012, 211(2): 46-51.

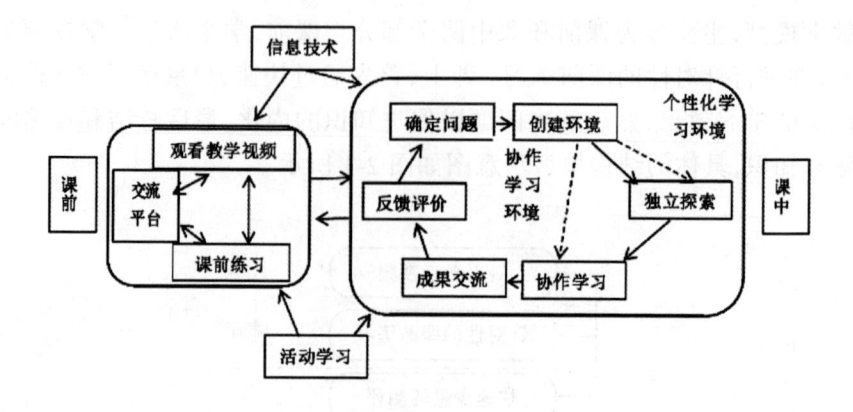

图 2-2 翻转课堂教学结构模型[1]

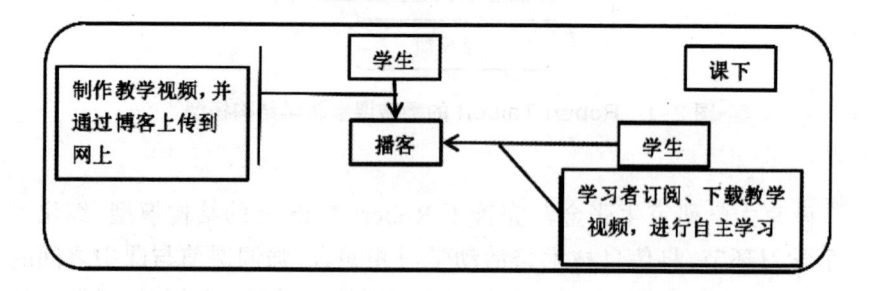

图 2-3 基于播客的"翻转课堂"[2]

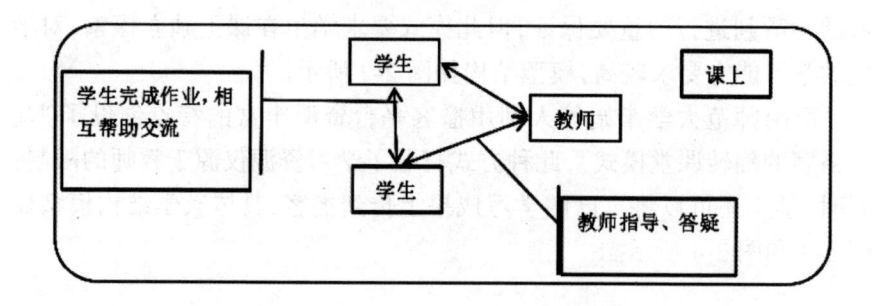

图 2-4 基于播客的"翻转课堂"[3]

---

[1] 张金磊等. 翻转课堂教学模式研究[J]. 远程教育杂志, 2012, 211 (2): 46-51.
[2] 李娟, 程静飞, 程彬. 基于播客的课堂教学改革——"翻转课堂"[J]. 轻工科技, 2013, 173 (4): 160-163.
[3] 李娟, 程静飞, 程彬. 基于播客的课堂教学改革——"翻转课堂"[J]. 轻工科技, 2013, 173 (4): 160-163.

第二章　翻转课堂教学概述

河北大学的陈洁利用交互白板的记忆存储功能,提出了"基于交互白板翻转课堂的教学设计",将课堂中学生的学习活动存储下来方便学生的复习,帮助教师进行教学反思和交流,具体教学结构模型如图 2-5 所示。

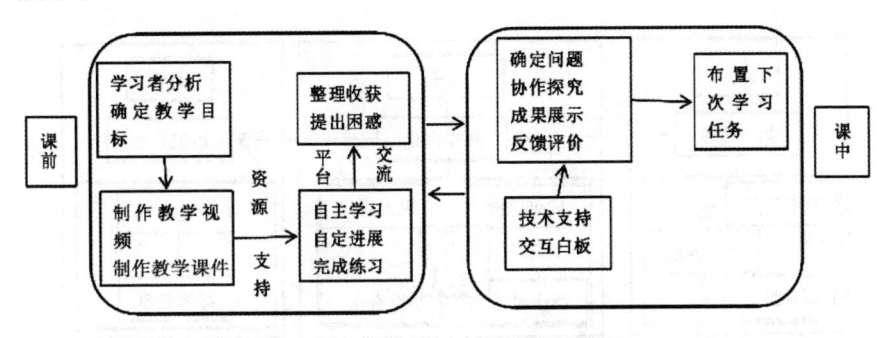

图 2-5　基于交互白板的翻转课堂模型[①]

东北师范大学王红等人,在国内外典型案例的基础上结合国内教学实情,设计了"本土化的翻转课堂教学模型",该模型注重活动细节安排的顺序性以及详尽性,突出了家长的监督作用,从而形成了"学生—家长—教师"三者之间的互动,具体教学结构模型如图2-6所示。

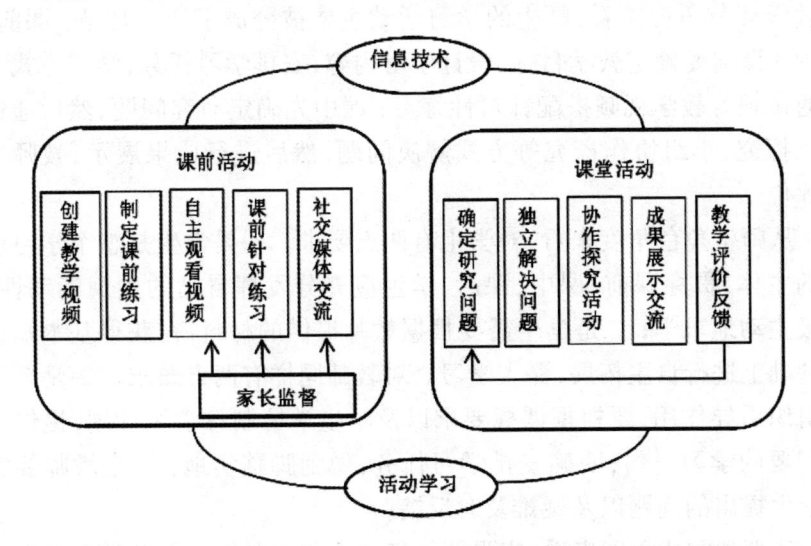

图 2-6　本土化的翻转课堂教学模型[②]

---

① 陈洁.基于交互白板的翻转课堂教学案例设计[D].河北大学,2013.
② 王红,赵蔚,孙立会等.翻转课堂教学模型的设计——基于国内外典型案例分析[J].现代教育技术,2013,23(8):5-10.

天津职业技术师范大学的王彩霞教师和刘光然教授构建了适用于中职教学的翻转课堂教学结构，结构中创造性地设计了"知识补救"环节，一是可以将整理的作品跟同伴分享，二是可以针对有困难的学生提供学习资源进行补救学习，结构如图2-7所示。

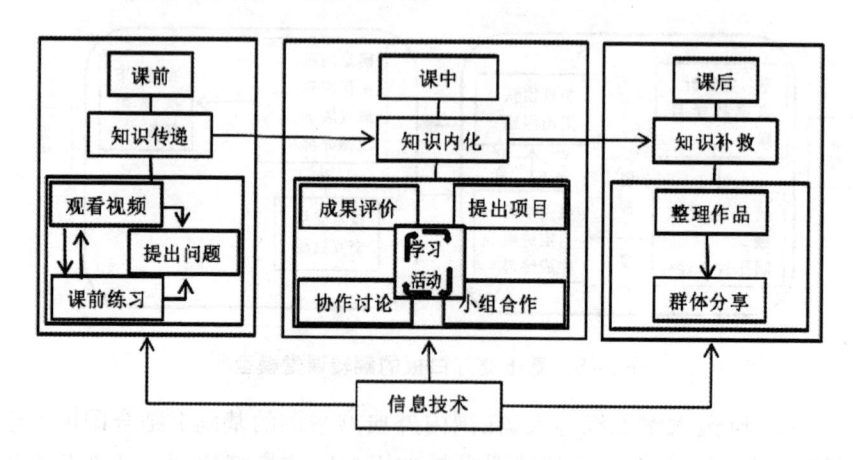

图2-7　翻转课堂优化教学模型[①]

综合以上6种翻转课堂教学模型可以发现，设计具有以下共同点：从教学环节角度来看，师生的学习活动主要被分成了两个环节：课前、课中。课前要确定教学目标，设计学习内容，安排学习任务，学习方式一般通过观看教学视频搭配针对性练习；课中先确定研究问题，然后通过独立探究、小组协作探究等方式解决问题，然后进行成果展示，教师反馈评价。

从师生角色角度来看，对学生有两点要求。一是学生是整个学习活动的主体，贯穿课前、课中、课后，学生应充分发挥自己的主观能动性，积极主动地求学；二是学生需要根据教师提供的材料，在获得基本知识的基础上进行自主拓展，深入学习。对教师同样有两点要求。一是教师起组织引导作用，要根据课标要求以及学生学情制订学习计划，提供学生需要的学习材料，明确安排学习任务，做到脚踏实地；二是教师要针对学生提出的问题以及疑难及时反馈。

从教学方式角度来看，应强调信息技术的重要作用以及师生在学习活动中的交互性。

[①] 王彩霞，刘光然. 翻转课堂优化中职课堂教学探析[J]. 中职教育，2013（6）：41-44.

第三节 翻转课堂与传统课堂的碰撞

翻转课堂作为一种新的趋势和概念,在很多方面都不同于传统课堂。最明显的是教学结构。

一是在传统课堂中,学生在课堂上学习知识,课后内化,家庭作业是内化的常用手段。但是,他们经常在作业环节遇到问题,缺乏及时帮助。翻转课堂将其完全颠倒过来,在家里通过视频传授知识,在课堂上通过作业、实验、探索、协作等多种方式进行内化。因此,翻转课堂让学生在家里按照自己的节奏学习,并在课堂上得到教师的个性化指导,为课堂建设奠定了坚实的基础。在这个过程中,不仅提高了学生的成绩,而且培养了学生的交际能力。在这样的课堂上,师生之间的关系也发生了变化,他们的交流不再是单向的,而是双向互动的。

二是教师时间分配不一样。传统课堂中,教师会与提问的学生互动——但实际上那些不提问的学生往往需要更多的关注。我们指的是"沉默的失败者",翻转课堂能够关注那些最需要帮助而不是最自信的人。翻转课堂将教师从"舞台上的圣人"转变为"旁观者",使他们能够在整个课程中与个人或学生群体一起工作。在传统的课堂上,落后的学生可能会因失去信心而更加落后。但在翻转课堂中,先进和落后的学生可以得到同等的关注和帮助,鼓励落后的学生能够激发他们的潜力,给教师带来惊喜。

第三,这两种模式的学习过程不同。在传统课堂上,学生无论听懂与否,都会继续学习一个新的概念,而他们的困惑和问题不会解决。未解谜题的增加肯定会使一些学生感到沮丧,这会减弱他们学习的积极性,使他们不那么上进。在翻转课堂上,学生通过暂停、重复到学校来按照自己的节奏欣赏微课视频。万一卡在学习过程中,课堂上教师会针对性地帮助,这样学习的积累和进度就不被中断。

目前看来,翻转课堂教学模式适应我国新课程发展,且与传统教学有着很大差别,它们的区别也反映了当代中国教育改革的尖锐矛盾,表2-1就是传统课堂与翻转课堂的对比表。

表 2-1 传统课堂与翻转课堂对比表

	传统课堂	翻转课堂
教师	知识传递者	课前针对学生个性化备课,注重学生知识获取能力的培养
学生	学生一知半解,对课堂不感兴趣	学生解决问题能力提高,课堂生动
教学形式	课堂讲解+课后作业	课前学习+合作探究
教学内容	知识传授	问题探究
教学设备	普通多媒体	各种交流平台、协作讨论工具
评价方式	课后作业、考试检测	多层面,多角度

一、知识学习与内化场所变化

通过表2-1可知,在传统课堂上,主要是教师单方面讲述知识,学生接收。在翻转课堂上,主要是学生讨论学习,教师只是起到向导的帮助作用,解开了答案。教师知识传递的时间放在课前,学生学习场所主要集中在网络学习平台上;在课堂上的互动环节,则极大地提高了学生学习的主动性和交互性。教师为课堂设计的教学视频和教学案例是精心准备的,并尽最大努力在这些互动活动中实现真实的情境。只有这样,才能创造一个轻松愉快的学习环境,使学生能够有效地完成学习任务。翻转课堂解决了学生知识吸收内化时教师不在现场的尴尬局面,课堂真正变成了教师与学生、学生与学生之间的互动平台。

二、学生自主监控学习

翻转课堂教学模式坚持"以学生为本"理念,学生可以根据自身情况监控自己的学习。

对于在线视频或者微课,学生可以通过网络或者学校建设平台观看,节奏快慢全由自己掌握。存有疑问的地方可以反复观看,也可以暂停思考或做笔记。此外,学生可以通过社交软件或者是电话联系同学、教师进行交流与沟通。翻转课堂教学模式很大程度上解决了学生课前学习不认真、不深入、过分依赖教师的被动局面。

三、师生有效互动教学

翻转课堂正式课堂上没有知识新授的过程,疑难问题的解答,能力的提升是在师生、生生交流过程中实现的。学生可以在自己的小组内表达交流,协同共进,师生成为知识的传播者与接受者。翻转课堂教学模式很大程度上解决了传统课堂中教师讲得多、学生学得少、互动不足、被动学习的局面,真正实现了学习是学生自我需求且有意义的活动的价值追求,并逐步成为一种文化。

四、现代信息技术保障

翻转课堂教学模式倡导教师运用数字化信息技术手段制作微课,学生借助平板电脑、电子书等学习工具,充分利用在线资源、在线课程、微课程资源等,独立学习新知识。翻转课堂教学模式在很大程度上解决了学生预习或自主学习枯燥、缺乏兴趣、看不明白、理解不透等现实局面,真正实现了大数据时代下学生学习工具和方式的颠倒式进步。

五、推动学生个性化发展

通过课堂上学生的提问和问题,互动协作,家庭作业培训,整合应用等,教师能够有效地监督和指导每名学生的学习。在数字评估平台的帮助下,教师还可以通过对学生的作业、培训和测试中的问题进行深入分析来实施有针对性的辅导。翻转课堂避免了传统课堂的针对性差、系统性弱等问题,通过"1对1""面对面"的个别化教学推动学生个性化发展。

六、加强家校合作交流

学校为学生提供了各种各样的资源,家长可以通过提供设备(电脑、网络设备等)和创造合适的学习环境,让学生如同在学校里学习。翻转课堂很大程度上依赖于学生课前的自主学习。学生课前学习成果直接影响课上的交流表达与提升,这就要求家长要实时关注学生课前学习情况。家长要与教师、学校保持联系,深度交流,实现家校一体,共同促进学生健康发展。

第四节 翻转课堂应用于大学英语教学的意义与对策

一、翻转课堂应用于大学英语教学的意义

在高校英语教学改革当中,应用翻转课堂教学模式既是对传统教学的突破,也是顺应新时代高校育人工作的创新,因此有着深远的意义和现实价值。

首先,在高校英语教学实践当中,使用翻转课堂,可以全面激发学生的学习兴趣,帮助学生按计划地自主完成相关的学习任务,教师只需要做好与之对应的指导与答疑即可。由此可见,翻转课堂能够最大限度地挖掘学生英语学习的潜力,助力学生更好、更高效地掌握相关的知识,从而促进学生的全面发展。

其次,翻转课堂教学模式注重课前准备环节,需要英语教师在课前强化教学资源设计,将精心整理的要点制作成小视频,从而让学生更加直观并有针对性地学习。通过营造新型的教学氛围和师生对话环境,不仅对于传统教育理念是一种巨大的冲击,而且可以全方位提供英语表达的机会和平台,一来促进了英语教育理念的不断更新升级,二来锻炼了学生的英语应用水平。

最后,在信息技术高速发展的今天,引入翻转课堂教学模式必然离不开科技手段的支持。在翻转课堂中,绝大多数的信息资源和知识传递需要相应的技术设备,这就有助于学生掌握最新的教育理念和资源,拓展学生的知识面,实现问题的逆向探讨,进而全面跟上时代发展的潮流。

二、翻转课堂应用于大学英语教学的对策

(一)翻转课堂教学设计的原则

1. 科学性与思想性相统一原则

教学内容要确保科学性,深挖教材思想性,补充有价值的案例,潜移默化地影响学生的思想与行为。

2. 启发式教学原则

实践过程中要调动学生的积极主动性,使学生在教师引导下积极思考,自觉掌握内容,发展学生的分析问题与解决问题能力。

3. 理论联系实际原则

教学要以知识为主导,同时与实际相联系,加深对知识的理解,做到学以致用。

4. 循序渐进原则

教学要依据所传授知识的内在逻辑、学生的能力发展水平和掌握知识的顺序循序渐进地进行。

5. 巩固性原则

教学要引导学生在理解的基础上牢固地掌握,长久地保持住,能根据需要迅速地调动出来。在课上,学生通过讲解自己学习的知识,表达自己的见解,加深对问题的理解,进而达到巩固知识的目标,另外还通过针对性的习题训练加深对知识的记忆。

6. 发展性原则

教学要做到学生既能接受,但又有一定的难度,需要经过努力才能掌握。教学内容的设计安排合理,课前学生学习内容设计时要与教材内容相对应,既涉及概念性知识,又涉及思考性知识,使学生学习之后能

主动思考问题、解决问题。

（二）翻转课堂教学环节设计

结合学生的学习现状及学习环境,翻转课堂教学环节设计分为三大模块:课前、课上与课后,具体设计如下。

1. 课前环节设计

课前活动是教学进行的基础,教师充分的准备与恰当的引导可以帮助学生快速进入学习状态,使学生的学、教师的教达到事半功倍的效果。具体环节如下。

（1）教学分析

分析内容包括:课标要求、学生学情、教材内容、教学目标及教学重难点。以上分析是整堂课的前提与基础,最终目的一是在全面了解内容后思考教学内容如何设计,引导学生主动学习;二是根据"最近发展区原则",知道学生现在的知识、科学思维、各方面的能力是何水平,学生经过学习之后应该达到什么水平。

（2）设计学习任务单

针对课前学习现状调查结果中"学生对学习目标、重难点的掌握情况有待提升,课前学习不够系统,缺乏逻辑性,仅安排口头作业不上升到书面作业,部分自制力差的同学将放弃学习"课上以"陈述性知识"掌握为主等问题,为了满足学生学习要有指向性、系统性、逻辑性的要求,课上有更多的时间思考问题、解决问题、学习程序性知识、提高学习能力,课前学习应引入学习任务单,通过任务单引导学生进行课前学习。

学习任务单设计主要分为五部分。

①课题名,体现学习主题及学习范围。

②学习目标,针对课前学习"学生学习目标、重难点掌握不清晰"的问题,明确指出本节学习目标,使学生学习具有目标性与导向性。

③学习内容,引导学生课前学习的主体,设计应遵循以下要求:内容设计与课本内容相一致,与学习目标相对应,让学生学习方向清晰,而不是漫无目的地寻找学习内容,遵循科学性与思想性相统一原则;内容难度适中,以概念性知识与规律性知识为主,辅以探究性知识进行学

习,解决课上学习情况中"学生知识掌握停留在概念层面"的问题,遵循教学设计中的发展性原则与因材施教原则;内容设计要丰富,避免单纯的概念或问题,要创设有趣的问题情境,启发学生思考问题,解决课上"学习兴趣低"的问题,遵循教学设计中的启发性原则;问题的提出要与生活紧密相连,缓解"迁移与应用能力低"的问题,遵循教学设计中的理论联系实际原则。

④知识梳理,对学习知识有全局把握。

⑤疑难问题,反馈学习过程中的疑难点,记录自学知识存疑的内容以及学习中过程中遇到的困难,养成作随笔的好习惯。

(3)安排学习任务

明确安排学生学习任务以及要达到的程度。

(4)回收学习任务单,总结学生学习问题

回收学习任务单,及时检查学生课前学习完成情况,检测学生学习情况,汇总学生课前问题,着重检查对思考性问题的解答,了解学生课前知识掌握水平,及时调整课堂学习,对学习效果不理想的学生进行辅导。

(5)二次备课,调整教学设计

总结学生个性与共性学习问题,重新调整教学细节与教学流程,确定教学方式及方法。

2.课上教学设计

课上学习是对学习知识的二次深化,根据课上学习情况中"对传授知识的学习方式""课上学习时间分配"的调查结果表明,学生的主观能动性没有得到充分调动,但根据"翻转课堂模式学习意向"结果表明,学生有讲授、交流知识的想法,但不具备完全主导课堂的能力,且指出教学重难点仍要求教师讲解。所以为了使学习更具有指向性,教学目标、重难点更容易理解,教师仍占主导,但要求教师主要发挥组织引导作用,给学生创造主动学习的空间与机会。

在实际教学中观察发现,通过创设有趣的情境,以问题引导学习的方式更能调动学生学习,启发学生思考,激发学生的表达意识,让学生积极参与学习,而此特点恰好与情境—问题模式理念相一致。因此,教学过程中除了以小组合作学习与自主学习以外,辅以情境—问题模式引导学生进行主动地探究学习,设计充分遵循了金字塔学习理论中主动学习的具体活动要求。情境—问题教学模式的过程一般为:设置情境,提出问题,解决问题,知识应用,教师启发引导,矫正解惑,学生质疑提问,合作探究学习。

因此,课上教学环节大致可以分为五步:一,课前学习反馈,总结归纳学习问题。陈述学生的共性问题与个性问题,以问题展开接下来的学习,使教学更有针对性;二,创设问题情境,探究问题。将学生问题放入具体情境中,引导学生思考讨论,解决问题;三,展示成果。学生思考出解决方案之后,表达自己的解决方案,彼此之间交流,互相借鉴;四,知识总结。总结解决问题的思路,总结规律;五,知识应用。主要通过典例练习对所学知识进行应用和梳理,同时检测学生对知识的内化程度。

3. 课后环节设计

课后环节的学习是对课前、课上学习的总结与提升,主要分为三部分:总结与反思、任务安排与完成、交流与反馈。具体要求如下。

一,总结与反思,教师与学生分别总结、反思。通过此环节教师反思自己教学过程中的具体问题,思考如何解决问题才能更进一步,为下一次更好地教学作准备;学生课后根据指导教师给的反馈及时总结,查缺补漏,及时与教师沟通,解决问题,养成良好的学习习惯。二,任务安排与完成,主要以习题练习为主,辅以活动,目的是知识的巩固迁移与应用。根据课后现状"学生对作业的未完成原因"的分析及建议,要求教师作业安排应具有针对性,避免大量安排同一类型的题目,题目的设置要有难度等级,循序渐进,满足不同学习能力的学生的要求,避免设置过多综合与抽象的问题,可以在最后设置一道挑战题,引起学生的学习兴趣。三,交流与反馈。目的是及时了解学生的学习情况,要求学生的学习反馈不局限于课后作业,还包括课上状态,学习任务单的完成情况,以及学生之间的评价。

第三章 翻转课堂在大学英语词汇与语法教学中的建构与应用

　　大学英语词汇、语法知识教学与听、说、读、写、译基本技能教学是大学英语教学的重要组成部分,学生只有熟练掌握这些基本知识与技能,才能真正提高英语综合运用水平。通过翻转课堂展开英语教学,可以更好地提升大学英语各项知识与技能教学的效果。本章就来具体分析翻转课堂在大学英语词汇与语法教学中的建构与应用。

第一节　翻转课堂在大学英语词汇教学中的应用

一、词汇在传统学习和网络移动学习中的不同之处

随着网络和智能手机的普及,移动词汇学习被越来越多的师生接受,这个学习方法就如同文化大变革,完全颠覆了传统词汇学习的方式,学习者可以使用移动设备随时随地进行学习和交流。移动学习与传统的学习相比,虽然有其不足,但在教学实践中,对学生记忆单词、练习听力以及提升口语等会有很大帮助。对比传统词汇学习特点我们给出如下移动学习的特点进行对比。

（1）移动学习可以根据个人记忆单词的进度自动将不熟悉的单词进行筛选从而反复出现达到强化记忆的效果,这就相当于对症下药,帮助现在大部分同学解决记忆困难等一些大问题。对比传统词汇学习,大部分学生就能摆脱记忆单词永远停留在开头的烦恼。

（2）移动学习可以给同学们提供一些平台与更多的学习者进行交流,可以是国内学者,也可以是国外学者。我们可以通过移动词汇学习进行英语词汇的巩固与研究,从而更轻松地加强英语单词的记忆,从探讨研究中发现并及时改正自己对某一单词领域的不足之处。对比传统词汇学习打破了一些学习的局限性。

（3）移动词汇学习会在网络平台开放更多的课堂教学,教师可以通过移动学习平台开放更多的英语单词学习渠道。不仅如此,学生和教师可以在移动学习平台构建属于自己的班级并进行内部的英语单词研究讨论。对比传统课堂上的相互讨论,也就是互相之间的唠嗑,就很好地起到了强化记忆的效果。移动词汇学习平台既可以帮学生记忆单词,也可以做一只无形的手,帮助教师更好地掌握班级学生单词记忆的进度。

（4）移动学习的资源更加丰富。在传统的学习中,绝大部分学生按照大纲要求的教材来学习,而教材即使更新也会有一定的滞后性。在移动词汇学习模式中,大学生除了学习教材的内容以外,还可以随时随地

选择最新的内容来学习。充分发挥了移动学习实时性的特点,使大学生能够利用碎片化时间进行英语单词记忆。对比传统词汇学习,解决了除课本、字典以外,课外教材资源单一的问题。

(5)相对于传统英语教学模式而言,移动词汇学习不仅丰富了学习活动的内容,学生学习的方式也变得较为自由。对于学习内容,学生可以自由安排。对比传统词汇学习有截止时间等要求,移动词汇学习具有时间充裕的明显优势。

(6)移动词汇学习可以随时随地获取大家学习中急需的词汇知识信息。目前为止,在大学校园中借助移动设备辅助英语学习已蔚然成风,学生可以利用移动学习快速获取自己想要的词汇意思及其用法等等,对比传统词汇学习还要翻书问教师,就节省了大量的时间。

二、翻转课堂在大学英语词汇教学中的具体应用

(一)应用记忆词汇特色系统,使单词记忆更加简单

传统背单词的方法枯燥且乏味,而也正是由于这个原因,让许多大学生都不愿意背诵单词。现在,移动学习采用了几种新颖的背诵单词的方法,可以提高大学生背诵单词的效率。

第一是情景结合记忆。在日常的生活中,许多学生在记单词的时候都喜欢把英语单词转换成自己的母语来记忆,而在大学英语的学习中,一个单词往往具有多层意思,因此需要将英语词汇放在特定的情境中去记忆。移动学习在我们学习英语词汇时就提供了这样一个契机,如在利用某些 App 学习时,会给出一些例句以便于大家更好地背诵单词。所以我们在利用移动技术习得英语词汇时,要学会情景结合。

第二是利用移动学习坚持记忆词汇,在生活中我们通常需要一次性记许多的单词,但这些单词数量多且难记忆,这会极大地打击学生的自信心进而产生厌烦的心理,自然也就坚持不下去了。这时候我们就能用移动学习来记忆,在一些 App 中,大家可以设置自己一天所要记诵的数量,并找到适合自己的记忆方法。此外我们一天只需要完成相关的内容即可。这样下去,既能坚持记忆,也能学到许多东西。

第三是在应用中记忆。学习的目的是更好地应用,学会正确应用英

语词汇也能帮助大学生快速记忆单词。

  目前为止,移动学习软件大多都会提供一些电影或动画片段让学习者进行配音游戏,这样大学生可以通过电影配音学习到更多实用的和新的词汇,同时更好地理解和记忆单词。

(二)借助新兴技术,激发学习兴趣,培养自主学习能力

  在教学中融入信息技术手段,能够将学生的学习兴趣激发出来,在一定程度上转变学生的固化思维模式。例如,我们可以看到很多学习词汇的 App 可以与课堂相连接,学生对词汇的音、形、义的理解可以通过网络在课下加以巩固,这不仅有助于提升学生的学习效率,也有助于提高学生对词汇知识教学的认知。众所周知,课堂教学时间非常有限,教师可以提前在网络上发布任务,引导学生展开自主学习,不断发现教与学中的问题,并进行解决。

  综上所述,翻转课堂学习打破了时间、距离、地域上的限制,在英语词汇的学习上更加灵活多变、自主便利。大学生可以把他们的移动端设备当作支持性的教育工具来使用,依据自身的学习特点制定不同的学习方法、学习策略,进行自主化、个性化学习,还可以让学生和教师更加开放地交流,及时得到学习的反馈,以便于教师及时调整和更新教学方法。随着互联网的迅猛发展和移动端设备的广泛普及和应用,大学生通过翻转课堂学习大学英语词汇的占比只会越来越高。

第二节 翻转课堂在大学英语语法教学中的应用

一、英语语法教学的现状

(一)对英语语法教学缺乏重视

  英语语法教学在整个英语学习体系中是非常重要的,也是必不可少

的。在当下英语语法教学过程中,还存在诸多问题。首先是部分教师对于英语语法教学不够重视。这主要体现在我国当下的教育,更多主要以应试教育为主,每一个科目的教学目标都和成绩相挂钩,换句话说学生的成绩提高才是教师努力的方向。在应试教育的背景下,对于大部分教师来说,往往是根据课程的大纲以及课程改革的内容来决定自己的教育方向,更多的是以单词作为基础,不断深化英语的教育模式,以提高学生应试技巧以及英语的语言表达能力,而相应地也就忽略了更为重要的语法教学,没有意识到语法教学在整个英语教学体系中的重要性和必不可少性,从而影响了教学效果,也降低了学生的学习兴趣,甚至会得不偿失影响到学生的学习成绩。所以在这个过程中也就体现为部分教师对于语法教学还不够重视,并没有意识到语法教学在整个英语教学过程中的价值所在,将教学目标盲目地设置为分数上的提高。其实不仅如此,对于很多学生来说,由于他们已经习惯于被动地接受知识,缺乏耐心,也没有坚持解决问题的能力,这就使得学生缺乏学习动力,因此在未来更应该重视英语教学中的语法运用能力。

(二)传统英语语法教学难以应对当下变化

传统的英语教学往往是以教师为中心。教师在授课的过程中,一个黑板一本教材就可以为学生讲解英语,这种说教式教学一直以来是学生教育阶段的主要教学模式,虽然通过这样的教育模式,能够让学生短期内对于英语有一定了解,同时也能够在一定程度上提升学生的英语成绩,但是从长远来看,学生并没有真正理解英语,仅仅是通过一些机械式地背单词、句子和语法,才能够应对英语考试并取得良好成绩,久而久之就容易降低学生的学习兴趣和动力,甚至还会产生厌学的不良影响。教学过程缺乏趣味性和针对性,使得学生处于被动地位,那么就会影响到最终的学习效果。而英语教师在这个过程中也忽视了时代的变化,以及当下学生的学习规律,没有意识到新语言学习的难度,使学生产生了较大的学习压力,因此,如何激发学生的兴趣,做到教育更有针对性,学习更具备科学性,也成为众多教育者未来的探索方向。

（三）缺乏语法的运用，无法激发学生求知欲

学生没有大量阅读的时间，就无法形成一定的语感。语法不好的学生在阅读时往往分不清主谓宾表定状补等结构，碰到长难句就一头雾水，翻来覆去搞不懂什么意思，极大影响阅读理解的效率。口头语言表达不好，就写不出完整的句子，写作水平也得不到提高。很多学生在学习语法时只会背概念性的知识，并没有真正理解和掌握，更无法把语法用到生活当中。很多学生在学习英语时都是通过死记硬背学语法，而不是通过运用来学习，这样的做法只会让学生对英语失去兴趣。英语是工具学科，我们要运用这个工具去阅读，使语法真正内化。

（四）学生缺乏主体地位，教学效果单一化

受传统教学模式的影响，学生对抽象枯燥的语法内容比较排斥。教师仍习惯性作为课堂主体，将大量的语法内容以填鸭式的方式灌输给学生，喜欢"我讲你听"的教学方式。教师和学生之间缺乏沟通，学生学习效率不高，没有形成有效的课堂互动。学生对教师讲解的知识难点不理解，无法反馈给教师，与教师的期待不成正比，不仅打击了教师的教学热情，还打击了学生学习英语语法的兴趣。翻转课堂课前准备不足，教师讲授时间较长，预留给学生探究学习的时间短。教师在英语语法的教学中仅停留在表面，只是简单地借用微课视频辅助学生上课，没有明确的目的性，未考虑学生的实际学情，不能适用于学生，因此效果明显不佳，这样的翻转课堂是无效的。教师应合理设定好"教与学的时间"，使学生的受教课堂实现高效化。

（五）缺乏参与和趣味性，大幅度降低学习效率

在传统课程教学过程中，教师和学生互动交流少，无法有效组织学生进行英语的口语表达，而学生机械地听着教师传输的教学知识，对学习语法提不起兴趣，从而导致教学效果不理想。在翻转课堂教学过程中，以学生为主体，学生进行自我知识的延伸。有些学生角色观念未及时转变，实践中以教师为主导，过度依赖教师，缺乏自主学习能力与合

第三章　翻转课堂在大学英语词汇与语法教学中的建构与应用

作意识,甚至还有学生享受着网络带来的便利却做着其他事情。一些教学视频缺乏新意,学生在观看视频时比较随意,助长了学生懒惰懈怠的心理,学生没有动力,缺乏积极性。教师应采用学生喜欢的多样化元素设计翻转教学,浓缩优质教学内容,制订学习计划,分组设定奖励制度,帮助学生尽快摆脱懒散懈怠的心理状态。

二、翻转课堂对英语语法教学的意义和作用

在大学英语教学工作中,语法教学是其中最为重要的组成部分,语法教学的质量在一定程度上决定了大学英语教学工作的实效性,对于大学生英语学科综合能力的形成具有至关重要的影响。而翻转课堂教学模式充分注重学生的主体性,致力于在课堂教学阶段引导学生通过自主学习与自主探究的形式展开大学英语语法相关知识的学习与探索,因此能够取得良好的教学工作效果,促进大学英语语法教学工作井然有序地向前推进。

因此,在大学英语语法教学工作当中将翻转课堂教学模式融入其中成为一项至关重要的教学策略。通过该项举措能够有效保障大学英语语法教学过程顺利展开,且能够基于翻转课堂教学理念逐步推动大学英语语法课堂教学的创新改革,使学生能够在教师的正确引导之下形成对语法相关知识的认知与理解,切实提升学生学习质量以及效率的同时有效激发学生对待英语语法学习的主观能动性,使学生更加积极、主动地参与每一次的英语语法学习,切实优化大学英语语法教学工作的质量以及效率,从而助力大学生通过持续不断的自主学习与自主探究形成良好的英语语言能力,优化大学英语教学工作的实效性。

翻转课堂不是简单地颠倒教学流程,其让学生在课前自主学习英语的基础上,与教师、同学进行充分互动,这符合学生的认知规律,进一步优化了学生的英语学习效果。英语语法是非常重要的,它有助于提升学生的阅读理解能力和写作能力,学习语法以后会使学生的阅读更加顺畅,使学生能更轻松地分析句子结构,理解文意。翻转课堂以学生为主体,让学生自主学习、合理安排学习计划。学生在家进行学习,做好课前预习,通过观看教学的微视频,了解所学内容中的重难点知识和概念。学生在班级中和同学进行交流互动,到校一起做作业,教师与学生、小组与小组之间通过发现问题及时讨论,互相探究和交流解决问题,教师在学生旁边给予指导,让学生学习更加积极主动,这就是翻转课堂的意义。

(一)提升课堂的互动,促进交流与合作

翻转课堂不仅能加强师生、生生之间的互动交流,提高学生的自主学习能力,还积极有效地促进了学生混合式学习方式。翻转课堂能有效引导学生用英语来进行课堂的互动交流,学生通过英语学习小组的团队协作,形成了学生与学生之间的交流互动,提升了学生的参与感;通过学习小组与学习小组的讨论碰撞,激发了全班学生的学习兴趣。翻转课堂在无形之中增强了全班学生的互动性,提高了英语课堂的教学效率。在学生完成作业之后,可能会有部分学生为相似或相同的英语问题所困扰,教师就可以有针对性地进行辅导,并给予指导,这又进一步促进了教师与学生之间的互动交流。

(二)合理安排时间,突出学生的主体性

翻转课堂进一步明确了学生的主体地位,教师从传统的传授者转变为引导者,在英语翻转课堂教学模式中,学生通过课前预习完成自主学习,为英语课堂教学留出了充足的小组合作学习及师生交流互动的时间。充足的时间和高效率的学习是提高学生成绩的关键所在,学生在英语课堂开展小组合作学习探究,进一步巩固了学生的自主学习效果,学生从传统的课堂跟随者转为提问者,学生将课前学习中遇到的问题在英语课堂上讨论解决,小组无法自行解决的问题则向教师提问,这样的模式使学生能够有针对性地学习英语语法内容。

(三)精讲多学,激发学生自主学习兴趣

传统课堂讲解时间较长,语法教学是一个重难点,灌输式讲解只会让学生感到疲惫不堪,很多学生对英语语法望而却步,从心理上较为抵触学习。翻转课堂能有效解决此问题,精减授课时间,学生就会有大部分自主学习时间,教师通过微视频录制,将词汇点、语法点等英语语法知识提前发布给学生,学生通过自主学习判断,找出自己的薄弱点,从

第三章 翻转课堂在大学英语词汇与语法教学中的建构与应用

而有针对性地接受教师的指导。同时,新颖有趣的微视频能有效激发学生学习语法的兴趣。

三、翻转课堂在大学英语语法教学中的具体应用

(一)英语语法翻转课堂教学模式的优势

为了进一步促进大学英语语法教学工作的创新改革,提升大学英语语法教学工作的质量以及效率,首要任务便是加强对于大学英语语法教学工作的深入探索以及分析,并且着重在其中运用翻转课堂教学模式,从而通过翻转课堂教学模式促进大学英语语法教学工作顺利展开,强化教学过程的积极性与动力,保障大学英语语法教学工作取得更加良好的成效。总结来讲,在大学英语语法教学工作中运用翻转课堂教学模式具有以下优势。

第一,翻转课堂教学模式有助于提升课堂教学趣味性。翻转课堂教学模式颠覆了传统课堂授课概念,有效将学生作为主体展开课堂教学过程,因此通过翻转课堂教学模式不但可以充分突出学生的主体地位,同样也能够激发学生对待学习的积极性与主动性,使学生更愿意跟随着教师的思路完成各个课堂学习环节以及流程,以此切实提升大学英语语法教学工作的质量。除此之外,在运用翻转课堂教学模式展开大学英语语法教学阶段,教师同样也会致力于运用多元化手段推进课堂进程,因此一改传统英语语法课堂的枯燥与乏味,切实增强了大学英语语法课堂的趣味性,可以使学生全身心投入课堂学习当中,使之能够逐步跟随着教师的思路完成各阶段的英语语法知识学习,从而在提升课堂教学质量以及效率的同时帮助学生牢固掌握每一处英语语法知识,切实强化教学工作的质量以及实效性,保障英语语法教学工作顺利展开。

第二,翻转课堂教学模式可以营造浓郁的课堂教学氛围。在大学英语语法教学工作当中综合性运用翻转课堂教学模式展开授课过程能够一改传统模式下以教师为主导的课堂形式,使学生成为课堂主体,一切课堂环节都围绕学生而设计规划。在这种模式下,学生可以选择自身所青睐的学习方式展开课堂学习进程,不但提高了学生学习的自主性与自由度,同样也能充分发挥出学生的主观能动性,进而营造出浓郁的课堂

学习氛围,确保大学英语语法教学工作取得良好的成效,而这也充分突出将翻转课堂教学模式运用在大学英语语法中的优势,其能够取得良好的教学成效,使学生更加积极主动地参与每一个课堂学习环节,并且在课堂之中有效增强教师与学生之间的沟通交流,而教师也可以通过组织学生展开讨论活动、课堂探究等方面形式引导学生展开大学英语语法相关知识的学习以及探索,从而促进课堂教学工作取得更加良好的成效,使课堂教学氛围更加浓郁。基于此,便有必要深入探索以及分析如何在大学英语语法课堂当中综合性运用翻转课堂教学模式,并切实提升大学英语课堂教学工作的质量,强化大学英语语法课堂教学工作所取得的成效。

(二)英语语法翻转课堂教学模式的具体运用

在大学英语语法教学工作当中需要教师加强对于教学过程的分析以及研究,以推动课堂教学创新改革为导向,综合性运用翻转课堂教学模式推进课堂进程,逐步引导大学英语语法教学工作顺利展开,使学生能够在大学英语语法课堂当中充分展现出积极性与主动性,从而有效提升大学英语语法课堂教学质量,保障各个授课环节以及流程能够有条不紊地向前推进,从而帮助学生形成良好的自主学习与自主探究习惯,优化大学英语语法教学工作水平。总结来讲,教师在开展大学英语语法教学工作阶段可以适当从以下几个方面对翻转课堂教学模式进行综合运用。

1. 转变教师教学观念

为了进一步促进大学英语教学工作顺利展开,提升大学英语语法教学工作的质量以及实效性,首要任务便是加速转变教师群体的教学观念,教师应通过持续不断地学习以及研究加强对翻转课堂教学模式的认知与了解,并且注重在展开大学英语语法教学工作阶段运用翻转课堂教学模式,从而在大学英语语法课堂当中突出学生主体性,持续性促进大学英语语法课堂教学进程的顺利展开,提升教学工作的质量以及实效性。在实际中,要求大学英语教师持续性加强自身的学习以及研究,通过参考文献调研以及参与学术讨论会等形式借鉴行业内其他优秀教师的教学模式,学习如何在大学英语语法教学当中构建起翻转课堂教学模

第三章　翻转课堂在大学英语词汇与语法教学中的建构与应用

式,致力于转变教学观念,从而促进大学英语语法教学工作能够有条不紊地向前推进。

除此之外,同样也需要高校里的教师加强授课经验的相互分享以及讨论,周期性召开教师讨论大会,各个教师针对翻转课堂教学模式的经验与想法进行交流,这样可以使教师之间达到相互促进、互相帮助的效果,共同推进大学英语语法翻转课堂教学模式顺利展开。最后,同样需要教师在编写授课计划阶段加强思考,各个教师之间互相讨论如何利用本学校内各项教学资源配套构建起更加完善的翻转课堂教学模式,逐步推动大学英语语法教学工作更具条理性与层次感,从而使高校范围内英语教师逐步转变教学观念,切实优化大学英语语法教学工作质量,充分开发出翻转课堂教学模式的价值与作用,提升大学英语语法教学工作的质量以及实效性。

2. 找准翻转课堂教学重点

在大学英语语法教学当中采用翻转课堂教学模式具有较大的灵活性,教师能够在其中融入多元化教学手段,从而使大学英语语法课堂内容更加丰富,以便于逐步引导学生加强对于大学英语语法相关知识的记忆与理解。而在实际展开教学工作阶段,教师需要找准翻转课堂的教学重点,并且逐步强化教学工作质量,提升翻转课堂教学模式所取得的成效,这样才能保障大学英语语法课堂教学井然有序地向前推进。在构建翻转课堂教学模式阶段,教师应将引导与激发学生的主动性作为课堂教学重点,致力于摸索创新型课堂教学流程、革新课堂教学形式,从而保障翻转课堂的教学效果。除此之外,教师同样也需要找好课堂教学定位,在展开大学英语语法课堂阶段,教师需要充分发挥出自身的辅助作用,引导学生开展自主学习与自主探究,在学生产生疑问时为学生答疑解惑,让学生能够通过自主探究与学习的方式逐步解决在学习中所遇到的问题,锻炼学生思考问题与解决问题的能力,帮助学生在持续不断的学习以及深层次的思考当中达到融会贯通的学习效果,切实提升大学英语语法教学工作的质量。

3. 强化教师群体信息技术能力

在构建大学英语语法翻转课堂教学模式阶段,教师群体能否充分发挥出作用决定了课堂教学的成效,因此需要着重强化教师群体的信息技术能力,从而在翻转课堂教学模式中综合性运用信息技术推进课堂进程,帮助学生深刻理解大学英语语法相关知识点,并且通过自主学习与探究的形式形成对语法知识的深刻记忆,逐步将英语语法知识转化到英语这一门语言的运用当中,从而形成良好的英语语言能力。在实际中,教师群体需要加强对于信息技术的学习以及研究,致力于在课堂教学阶段综合性运用信息化技术展开教学,通过班级当中的多媒体教学设备适当播放微课小视频或者是以思维导图的形式推进课堂进程,让学生在自主学习阶段更具条理性与层次感。例如,教师可以根据当前大学英语语法课程教学需求而制订相应的学习计划,充分利用业余时间展开专业知识学习,主动探索如何在翻转课堂教学模式当中运用信息化技术,加强对于信息技术基础知识以及操作技能的掌握,从而在大学英语语法翻转课堂教学模式中综合运用信息技术展开课堂各个模块,确保各个课堂教学模块之间平稳过渡,有效提升大学英语语法课堂教学质量以及实效性。通过以上方面可以有效强化教师群体的信息技术能力,使之能够胜任大学英语语法翻转课堂教学,有效促进教学工作质量以及效率,保障大学英语语法课堂教学取得更加优良的成效。

4. 注重突出学生主体地位

注重突出学生的主体地位在大学英语语法课堂教学中具有至关重要的作用,只有充分突出学生的主体地位才能保障大学英语语法课堂教学顺利展开,从而在提升课堂教学效率以及水平的同时有效培养学生英语学科综合能力。在实际中,教师首先需要深入分析以及探索如何有效构建翻转课堂模式,围绕学生设计规划各个课堂教学环节与流程,致力于强化各个课堂教学环节与流程的有效性,保障课堂教学环节能够流畅进行。

与此同时,在大学英语语法课堂当中也要致力于引导学生展开自主学习,如教师可以在课堂中适时抛出问题引导学生展开思考,让学生在思考的过程中逐步探索以及分析如何综合性运用大学英语语法知识解决问题,加强学生对语法知识的掌握,使之充分明确语法知识如何投入实践应用,从而将语法知识与英语的应用联系起来,有效锻炼学生的学习能力,促进大学英语语法课程教学井然有序地向前推进。

与此同时,教师也需要充分关注学生的个体化差异,根据学生的个体化情况展开差异化教学,有效利用因材施教的教育理念,这样不但可以促使翻转课堂教学模式顺利展开,而且能够充分突出学生的主体地位,使学生通过自主学习与探究的形式展开对大学英语语法课程知识的深入探索,从而有效培养学生的英语学科综合能力。

综上所述,在大学英语语法课程教学中,需要教师加强精力投入,以翻转课堂教学模式突出学生主体地位,一改传统模式下以教师为主导的课堂形式,从而有效激发学生对于大学英语语法课堂的积极性与主动性,使学生能够在持续不断的学习以及深入探索中加强对于英语语法知识的认知与了解,进而逐步促进学生形成良好的语言能力,优化大学英语语法教学工作的水平。

5. 合理设计微课教学,做好课前预习准备

翻转课堂有一些鲜明特点,首先教学视频设计时间必须精短,一般我们以微型课程为主。教学视频的时间不宜过长,以免使学生注意力不集中。为了便于学生进行理解和认知,可以采用不超过十分钟的短微视频,这样可以使教学信息的呈现形式相较清晰。在教学过程中,以概念的知识点讲解为主,为学生提供解决问题的平台。学生之间的交流与合作有助于促进知识的吸收内化,学生合理安排好课堂内和课堂外的学习时间,线上和线下进行重构学习,方便复习和巩固,也方便在不理解的同时进行多次反复观看,以更好地理解和掌握。在课前学生预习的时候,教师可以根据这节课的教学内容进行设计,提前制作出教学视频,并上传到班级的微信群或者钉钉群里,学生可以自主下载视频,并对视频中讲述的内容进行自主学习。

就以其中的 What do you want to be when you grow up？为例,教师可以把两个外国友人当作主人公编写两个人的对话,比如:

A: What do you want to be when you grow up?

B: I want to be a computer programmer.

A: ...

在视频的最后几分钟,教师可以对本节课的语法进行讲解和整合,最终用十分钟左右的时间,完成一个视频。教师可以根据这次的视频教学,设列出五个重点和难点,比如:

（1）be going to 和 will 有什么样的关系？

（2）be going to 代表了什么？

（3）将来时态的语句结构是什么？

（4）将来时态的语句当中会出现什么样的时间状语？

（5）怎样使用将来时态，描述自己未来想要做的职业？

6. 精制微短视频，掌握语法知识的重难点

教师在传授英语知识过程中，通过调查发现学生学习英语的难点集中在语法句型的应用上，理解并掌握语法的学习方法很重要。我们首先要知道以下两个目标：

要知道学的是什么？

要学会怎么用？

而这些，都离不开逻辑和体系，没有体系的学习一定是低效的。语法的体系结构就是句子的组合方式和规则，而语法体系繁杂，我们所学语法中的名词、动词、主语、谓语、宾语等，所有的知识点就是用来组成句子的。例如，主语就是发出动作的人／物，或者呈现状态的人／物。My friend is a middle school student。我的朋友是一名学生，主语就是"My friend"我的朋友，谓语就是"is"是，宾语就是"a middle school student"一名生，英语语法是什么？它是经过系统地总结概括出来的语言规律，语法构建的种类较多，包含的词语、时态、语态、句型结构、句子成分等语法，如何理解主语、谓语、表语、宾语、定语？我们对简单的句子容易理解和判断，对于较为繁琐的句子则要认真分析。这样难的语法知识点讲解也并非一朝一夕就能学会的，这时我们可以利用翻转模式进行课堂教学，学生通过反复观看语法知识点，组织小组进行交流，促进学生理解和运用。在翻转课堂中教师节省了不少时间进行指导，把传统课堂上需要花费45分钟的讲解时间精缩到10分钟，不仅提升了学生的学习效率，还有助于激发学生积极探索的学习欲望。

在翻转课堂模式中，教师要利用微课合理采用优质教材，把丰富的视频教学资源融入微课中，使我们的翻转课堂多样化。教师缩短授课时间的同时能更好地解决学生的问题，因材施教，充分发挥学生的主体性。教师课堂角色的转换，真正做到了把课堂还给学生，通过翻转课堂有效地将英语语法重难知识点输送给学生，有力提高教师的工作效率，满足学生自主学习的需求。

第三章　翻转课堂在大学英语词汇与语法教学中的建构与应用

（三）翻转课堂运用于英语语法教学的改进方法

在新时期更要注重英语教学的新方法，合理地运用好翻转课堂，做好语法教学改进。具体来说，要做好课前准备，在教学过后也要根据学生的表现做出更具针对性的分析，并不断优化教学评价机制。

1. 教学前要准备充分

课堂准备阶段，教师对学习方面的素材以及学习资料都要做好充分的筛选，因为学生的接受程度以及英语的难度都是不同的，所以所选择的导学素材，要贴合教材。同时，作为第二语言，英语和汉语学习本身就有很大不同，第二语言学习难度是非常大的，因此很多学生望而却步，降低了学习的积极性。所以教师在选择素材时，要贴合学生的兴趣，提高素材的趣味性，可以和日常生活或者是学生的喜好相贴近，这样不仅能够符合学生的学习习惯，同时也能够最大程度上提升他们的兴趣，有利于提高学生的英语应用能力。在课堂语法教学中，教师可以给学生提供教学案例，让学生自主地通过案例来总结知识，帮助学生养成良好的学习习惯，根据学生的具体情况设置学习活动，这样才能够既确保教育的针对性，又提升学生的学习积极性。

2. 教学后要针对性分析

翻转课堂和传统的教育模式还存在差异，最主要的是学生在学习过程中对翻转课堂的重视程度不同，存在部分学生忽略了这种教育模式的重要性，所以要不断完善当下的语法教学的评价体系，教学后要针对性分析。同时，在整个教育过程中，教师更要重视的是教学的方式方法，而不是单纯的结果评价，这样才能够让学生意识到这种教育模式的重要性和必不可少性，所以教师在翻转课堂中，要常态化进行了解和接受反馈，这样既能够及时了解学生在课堂中的表现以及接受程度，同时也能够及时发现翻转课堂设计的不足之处，以不断提升学生的兴趣，深化教育模式，优化教学内容，充分发挥教学评价体制的优势，使得翻转课堂在英语语法教学中的作用更加明显。

3. 优化教学评价机制

在充足的教学准备过后就要做好课后反思,这也是整个教学阶段最为重要的组成部分之一。因为我国翻转课堂还处于探索阶段,所以对于这样一种新型的教学模式,很多教师是刚刚接触的,也会存在短板和不足,部分教师虽然对于翻转课堂有一定的理解和经验,但毕竟这是一种新的教学模式,所以教师或多或少地会在实践过程中出现一些问题,在课堂翻转结束之后,教师就应该根据翻转课堂的具体表现情况以及学生的反馈程度来做出针对性总结和改进,以使后续教学更加顺利。教学效果如何学生才有发言权,所以教师可以设置反馈机制,通过问卷调查或者是和学生当面交流了解教学过程中存在的问题,做好经验总结,不断提升英语语法教学的应用效果。

综上所述,随着教育体系改革不断深入,如何适应时代发展,满足学生需求,成为当下广大教育者主要的探索方向。让翻转课堂的教学模式有效地应用于英语语法教学中,符合当下的教育规律,在这个过程中教师应不断地总结成功经验和技巧,提升学生的学习积极性,帮助学生有效地提升学习效率。

第四章　翻转课堂在大学英语听说与读写教学中的建构与应用

对于大学英语教学而言,最终目的在于提升大学生运用英语进行交际的能力。其中,听说读写技能尤其重要。在新的时代发展背景下,将翻转课堂应用于大学英语听说、读写教学,将有助于提升大学生的英语语言综合运用能力。为此,本章就对这方面内容展开重点研究。

第一节 翻转课堂在大学英语听力教学中的应用

一、英语听力技能

在听、说、读、写这四项技能中,听往往被认为是接受性的一项技能,但是并不能说听就是一个被动的过程,而是应该认为听是一项非常主动的活动,是一个积极地处理信息的过程。根据心理语言学的研究,听的过程与人的记忆力关系非常密切。人的记忆力(图4-1)划分为三种,即感知记忆、短时记忆和长时记忆,三者所承担的任务不同,构成一个完整地对信息加以处理的系统。

感觉器官 → 感知记忆 → 短时记忆 → 长时记忆

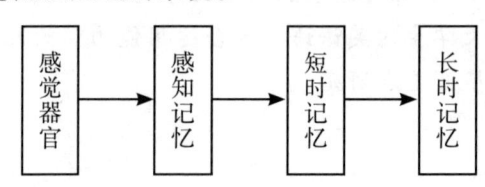

图4-1 记忆的过程[①]

外部的信息经过人类的感官,会保持一个较短的时间,这就是感知记忆,是瞬时的,指的是外部刺激以一个非常短的时间呈现之后,一些信息会通过感觉器官输入并登记在大脑中,形成瞬时的记忆。显然,这是信息加工的第一阶段。短时记忆指的是信息呈现之后,保持一秒钟时间的记忆。长时记忆指的是学习的材料经过复述或者复习之后,在头脑中进行长久存储的一种记忆。根据三种记忆的阶段,听的心理机制可以归纳为三点。

在第一阶段,声音通过人的感觉器官进行感觉记忆,并根据自身已有的知识,将这些信息转为有意义的单位。人们在听母语的时候,这种感知记忆是非常容易实现的,但如果听的是英语,那么就会出现一系列

---

① 崔刚,罗立胜.英语教学理论与实践[M].北京:对外经济贸易大学出版社,2006.

第四章 翻转课堂在大学英语听说与读写教学中的建构与应用

问题,甚至很多时候人们还没处理完信息,新的信息又进入了,导致自身没听懂。

在第二阶段,信息处理在短时记忆中实现,当然这一过程也是非常短暂的。在短时记忆阶段,听者将听到的信息与自身在长时记忆中的存储信息进行对比,从而构筑新的命题。听者需要对语流加以切分,当然切分的目的在于获取意义,当获取了意义之后,听者就会忘却具体的词汇、语句。显然,在这一阶段,处理的速度是非常关键的。已有的信息必须在新的信息进入之前就需要处理完成,当然这很容易使学习者的脑容量超载,甚至很多时候无法从信息中获取意义。但是随着学习者听力水平的提高,他们具备了一定的知识储备,那么对信息的处理能力也会加速,从而能够留出多余的时间处理那些较困难的信息。

在第三阶段,听者会将所获取的意义转向长时记忆中进行存储,并与自身的信息紧密联系起来,从而对命题的意义进行确立。如果新输入的信息与自身的已知信息能够匹配,那么就说明这些新信息容易理解。在这一阶段,当形成的命题与长时记忆中的固有信息紧密联系的时候,大脑往往会通过积极思维展开分析与归纳,从而使这些信息连贯起来,构筑新的意义,最后储存在自身的长时记忆中。

当然,学生在听力技能训练中也会存在一些问题,具体分析如下。

第一,学生欠缺基本语音知识。语音知识是听力的基础。大多数学生无法掌握48个音标的准确发音,对音节强、弱、连续、漏读,及不完全爆破这些常识接触和了解都较少,更无法真正了解英式发音与美式发音在发音、语调、重音、弱读甚至节奏上的区别。

第二,学生词汇量有限,欠缺跨文化意识。缺乏词汇量和欠缺跨文化意识是限制听力理解的要素之一。大学生受限于词汇量和东西方文化差异,对以英语为母语的国家的历史、民族、地理、人文风俗、生活方式和思维方式以及相应的文化背景知识缺乏认知和理解,成为听力过程中的拦路虎。

第三,母语对学生英语听力水平产生影响。学生容易混淆英语音标和汉语拼音的发音,并且习惯于将语音材料翻译成中文来理解意思并完成题目,这对听力水平的提高非常不利。因此,很难将语音信息转化为要获得的有用信息,导致听力过程中的反应速度降低,影响了听力效果。

第四,学生欠缺良好心理素质。由于学生产生了对听力的恐惧和焦虑,他们在听力的过程中处于高度紧张的状态,这大大影响了他们对听力内容的理解,造成听力效果降低。也有一些学生太过于追求高成绩,考试压力比较大,在听前五个问题时由于压力而未能跟上,使他们觉得表现不好,下面的问题基本上就会放弃。从长远来看,这类学生因缺乏良好的心理素质而害怕听力,产生恐惧的情绪,不利于提高学生的听力水平。

第五,教师欠缺高水平的语言综合运用能力。目前,许多学校的英语教师实力并不强。大多数英语教师的母语不是英语,也很少有机会与以英语为母语的人交流,所以他们的语言表达并不地道。因此,他们不能完美地发挥课堂交际活动的组织者和向导的作用,也不能为学生提供合适的口语练习材料并创造良好的口头交流情境。目前,一些英语教师发音不标准,口语表达存在问题,这些都直接制约了学生的英语听说能力水平的提高。

二、翻转课堂模式在大学英语听力教学中的具体应用

(一)翻转课堂模式在听力教学中的积极作用

传统的教学方式中,教师累,学生苦,是常见的现象。将翻转课堂中所存在的"以生为本"教育理念进行融合,对传统教育进行改革,也可以说是顺应了潮流的发展。构建翻转课堂的基础,就是要有一个良好的英语听力教学氛围,这是提高学生英语听力能力的最基本的保障,以平等、民主的态度为互动要素,缓解师生之间紧张的氛围。翻转课堂的另一关键,在师生互动交流中,教师的存在起着辅助作用,引导学生对知识进行充分的理解,改变了学生的课堂地位,将学生的个性进行充分的挖掘,其好奇心不再被压制,求知欲达到鼎盛,进行自主学习。当前英语教学中,还面临着一些挑战,一是提升学生兴趣,培养学生英语方面的学科素养,二是对学生进行基础知识的传输,为他们打下英语听力能力培养与提升的理论基础。

在翻转课堂中开展英语听力教学,一方面可以让教师的教学理念与教学方法及时地得到更新与调整,提升教师对英语教学中翻转课堂的把控力,另一方面可以激发学生参与英语听力教学的积极性:英语教师教

第四章 翻转课堂在大学英语听说与读写教学中的建构与应用

学手段的更新将会带给学生不一样的学习体验,为学生营造一个充满生机、更加具有真实性、针对性、开放性以及趣味性的英语听力学习环境,从而改善学生参与英语课堂教学的学习态度,逐渐提升自身的学习自信心,让学生在翻转课堂背景下快乐学习,获取学习成就感与参与感。

(二)翻转课堂下培养学生英语听力能力的策略

1. 尊重学生主体性,注重激发学生的学习兴趣

教师需要注重激发学生的学习兴趣,尊重学生在学习中的主体位置,从而提高教学的有效性,推动翻转课堂教学理念下英语听力教学的实践。在这种教学基础和背景下,可以合理利用创设教学情境这一教学手段。开展听力练习主要是促使学生树立听力练习的意识,将听力练习的主体位置让与学生,加强教师对于学生的听力训练意识,提高学生的英语听力能力具有非常重要的意义。听力教学的开展中尊重学生的主体性并不意味着教师可以放手不管,相反,更要求教师从客观角度分析英语听力教学的本质。

例如,当教师在开展英语听力教学的时候,可以在教学课堂上开展一个"传一传"的游戏。教师选出五名学生为实践活动参赛人员,并让学生戴上放了歌的耳机,由教师作为第一个口传者,对第一个戴耳机的学生说一句英语,如果学生听不清或者听不懂,最多只能给学生说三遍。然后由第一个学生转身对第二个同样戴耳机的学生说自己所"听到的"。当游戏进行到最后一个学生时,则可以让学生取下耳机,对同学们说出自己最后听到的英语内容,并与教师说出来的"初始语句"进行对比,以此来判断并训练学生的英语听力能力。

2. 丰富英语听力听觉积累

英语听力提高是后天训练的结果,需要在英语听力教学实践当中接受外部的刺激,所以学生可以通过多听、多看美剧和英语新闻播报以及教材录音等来增强自身英语听力能力。教师可以在课前课后,在班级里为学生播放一些英语新闻播报,或者比较有意思且没有字幕的美剧片段,通过这种教学方式来引起学生的学习兴趣,从而让学生将自己的精力以及注意力投入到英语听力学习过程中。除此之外,教师也可以为学

生推荐一些英文歌,或者引导学生多听英文歌,让学生的英语听力积累得到进一步的丰富。

3. 创设训练环境

在英语听力教学实践中,一个良好的英语听力环境将会让教师的教学事半功倍。当教师在对学生进行英语听力教学或者向学生播放一些新闻或者教材录音时,可以让学生进行跟读或者复述,让学生在跟读的过程中纠正自己的错误发音,从而让学生在听录音的时候,可以更容易分辨出英语单词的正确读音,促使学生的英语听力能够在"正确辨音"的基础上得到提高。为学生创设英语听力环境,就是为了让学生可以在英语听力教学实践过程中实现训练"自动化"。

在传统的英语听力教学课堂中,教师只能进行单一、统一的教学,如果有一个学生没跟上教师的英语听力教学或者没听懂,教师也无法专门停下来为那位学生进行讲解,因为那样太耗费时间。这时教师就可以利用信息技术与多媒体教学设备为学生播放相应的教材录音,教材录音教学与传统教学不一样,教师们可以通过操作教学设备,来让教材录音具有可支配性,如果学生哪里没听懂,就可以让教材录音"停"下来,也可以将听不懂的某一句循环播放很多遍,直至学生听懂、理解了教学内容为止。这种教学效果对学生产生了巨大的影响,因为学生在听英语教材录音时所产生的问题都可以通过暂停或者循环播放而得到及时的解决。在这种学习环境中,学生可以通过在短时间内对自己的听力能力进行训练,并让自身的听力能力得到提高。

4. 循序渐进,反复训练

英语听力教学和其他学科不同,英语听力教学具有针对性强、反复性强以及抽象性强的特点。在教学过程中,要妥善利用英语听力教学的针对性来循序渐进地进行教学。在英语听力教学实践中想要提升自身的英语听力能力,需要进行反复训练,只有每天坚持练习,从易到难,从浅到深,一步步地练习,才能收到良好的训练效果。英语听力教学是一个长期的过程,各类英语听力 App 是当前较为流行的现代信息化教学手段,对学生有着较高的适配性,应该发挥这一工具的积极作用,保证英语听力教学的进一步发展。方便快捷的 App 可以基于移动媒体实现方便、快捷、随时随地进行英语听力练习。例如,借助"轻听英语""扇贝听力"等 App,教师就可以引导学生自由练习、反复强化训练。同时掌握听力技巧,如果只是单一地去试图记忆、重述这些听力内容,学生可能很快就要把听到的前后内容忘记了,但基于大量听力训练,学生就能快速提取关键词,掌握一段内容的核心部分,有效实现听力能力的进步。课堂教学是教育重点所在,是学校教学工作的重心所在,随着社会的不断发展,改革旧的教学模式、创新英语听力教学已成为广大英语教师共同关注的问题,人们对课堂效果追求越来越高。翻转课堂的开展,落实了新课标、深化素质教育以及"以生为本"教育理念,使得学生全面发展。在实施翻转课堂的同时,也要兼顾学生的英语听力能力的培养,将每一个教学目标都置于培养学生英语听力能力的基础之上,鼓励学生多听、多练,让学生在不断地学习中获得成就感与自信心,这样才能促使学生听力能力的进一步发展。英语听力能力培养是可以在教学过程中通过各种教学方式实现的,但在教学实践中,如何促进学生英语听力能力的进一步发展,仍然需要教师根据实际的教学情况来进行具体的制定。在学生的学习过程中,英语听力能力的培养对于学生来讲是非常重要的,它决定着学生能否进行有效的学习或拿到英语高分。教师应从多个角度培养学生的英语听力能力,以适应当下新课改的教育要求,让学生成为一个合格的优秀人才。

第二节 翻转课堂在大学英语口语教学中的应用

一、英语口语技能

18世纪,关于语言的研究主要集中在如何对语法进行正确地使用。即便如此,优雅的语言逐渐成为人们对语言进行准确使用的目标。在这一时期,出现了语法翻译法,并在18世纪末期盛行,这一方法是用母语来讲述英语的一种方法,在英语教学中,这一方法有着极大的影响力,并在很长的一段时间存在。因此,虽然人们对于口头语言存在着很大的兴趣,但是对当时的教育影响不大。

20世纪70年代,英语教学越来越多地受到了认知理论和社会语言学理论的影响。由于听说法比较具有机械性,使得句型操练脱离了具体的语境,很难培养和提升学生的交际能力。显然这一教学法对于交际过分强调,并认为英语教学不应该如同语法翻译法那样对于语法分析过分强调,也不能像听说法那样对于结构分析过分强调,而应该从语言的表意功能出发。这样做可以将学生的中心地位体现出来,基于学生的实际情况对教学内容加以选择,对教学目标进行合理确定。显然,这一教学法主要目的在于培养学生的交际能力。

近些年,一些学者又提出了任务型口语教学的理论,这一模式是基于二语习得理念建构起来的,同时也吸收了交际法的精髓。任务型口语教学将交际意义视作中心,主要为了学生的交际能力服务。但是,由于其过分强调交际,这会让学生过分依赖交际策略,甚至也会将注意力转移到交际上,因此会一定程度上丧失对整体性的理解。

二、翻转课堂模式在大学英语口语教学中的具体应用

(一)逐步实现口语教学的网络化

新一代的大学生是在网络时代成长起来的大学生,他们熟悉各种网络环境和软件。在 2021—2022 第一学期的口语授课前,笔者对所教授的电信班制定了新的规则:小组任务的展示不作细节约束,小组可以在课下排练,课堂现场展示,其他同学现场点评;亦可课下排练、录制,课堂播放,其他同学线上点评。期末在总结该学期电信班的口语活动时,笔者发现在五次活动(形式涉及演讲、配音、短剧表演、访谈、复述)中,八个小组中每次都有一半以上的小组选择拍摄视频完成任务。相比课堂上直接展示任务,录播视频有以下优势。

(1)学生心理较为放松,可多次录制视频直到满意,避免课堂失误带来的尴尬,极大提高了学生的自信。

(2)学生在视频中加入英文字幕,避免了课堂活动中因展示者发音不标准或声音小而导致许多学生听不懂的现象。课堂展示时如果没有话筒也会使听众无法听清内容,所以往往展示者尽兴演出,而听众不知所云。

(3)在反馈方面,学生在网络上进行评价时,不论是文字评价还是

第四章　翻转课堂在大学英语听说与读写教学中的建构与应用

语音评价都比课堂更为活跃。比起线下口语课堂的点评活动，他们更喜欢在网络上发表观点，畅所欲言。

（4）在访谈或短剧表演中，课堂展示往往受到教室环境影响，学生很难进行不同场景转换。而录制视频时，学生可根据内容选择合适的场景进行录制，适当地化妆，准备合适的道具。比如在《最后一片叶子》(*the last leaf*)的表演中，学生不仅表达流畅，将小说内容转化成短剧形式，而且可以在不同场景进行录制。第一幕，Sue 和 Johnsy 的对话以宿舍为背景，学生在宿舍窗户上贴了藤叶的图片；而第二幕，医生和 Sue 的对话背景是过道，所以学生将拍摄背景转到宿舍外的过道；医生的扮演者穿白色外套，用耳机代替听诊器挂在脖子上，使得人物形象更生动。这组视频在课堂上一经播出，所有学生一扫漫不经心的状态，都抬头认真观看，并给予几次热烈的掌声，在观赏完后也进行了从服装道具到台词的改编方面的热烈讨论，学生之间的互动意愿表现得极为强烈。

（5）节约课堂时间，提高课堂效率。网络播放视频减少了因课堂表演准备耽误的时间，或因课堂展示失误而耽误的时间，使得口语课堂更加有效。

（6）鼓励更多的学生以自愿的形式参与口语活动。由于班级人数多，课堂时间有限，每个小组派一个或几个代表展示，时间上已颇为紧张，不可能邀请所有学生参与，而网络展示可将课堂时间延伸至第二课堂，保证更多的学生参与口语活动。

目前，网络软件和硬件的成熟为口语课堂向网络转移提供了便利条件。网络的快速发展，电子设备的平价化为大学英语口语课程的网络化和翻转化提供了便利条件。价格优惠，功能多样的手机和电脑成为许多学生生活的标配，即使没有电脑，手机的功能也足以支撑口语课程任务的完成。网络上视频剪辑软件如爱剪辑、剪映、剪辑、快影等软件简单易掌握，功能强大，不仅可以录制、剪辑视频，还可用于英文影视剧片段配音练习，特别是一些免费的软件更是深受学生的喜爱。大学英语口语活动的网络展示平台也百花齐放：微信群、QQ 群、雨课堂、超星平台，甚至抖音都可作为展示学生口语任务的平台。教师可根据口语任务形式或课堂实际需求以及学生喜爱程度进行网络平台的选择。除了软件，学校硬件也在不断升级。智慧教室的运用使教师和学生、学生彼此之间的交流更为流畅，信息沟通更为便捷，口语任务的传输和评价更为便利。

（二）深化、优化翻转课堂的内容和形式

以上教学手段为新时代的大学生口语课程改革提供了新的途径，那么教学方法也要与时俱进。优化、深化翻转课堂，将学生的任务放置课下完成，课堂进行展示、点评以及互评，课下重新提交，以便改进学生口语的不足，从而形成良性循环。

第一，鉴于大学英语课程大部分都是大班授课，建议根据班级实际情况以 3～8 人为一小组，每次根据任务的不同要求，派出一位或多位同学完成。力争每人一个学期至少有一次课堂展示的机会。小组活动更容易提高学生课堂翻转的参与度并且让学生感到更多的安全感，减少内向性格的不利影响。

第二，口语任务主题应该具有共性即形式可以多样化，但主题要保持一致。在实验中，将课堂主题的口语活动和每次课前五分钟的 presentation 口语活动进行了对比分析。为尽可能多地提供口语展示机会，每次英语课前请 2～3 位同学分别对最近的新闻或生活中感兴趣的话题进行一分钟的播报或演讲。观察课前口语活动可发现，学生单独完成一个任务积极性不高，任务完成过程中略带敷衍，上台展示时因紧张语速快，急切完成任务。而其他同学因不了解演讲内容，无法跟上节奏，在展示之后的交流环节无法表述自己的观点。所以整个课前 5 分钟的口语活动效果并不理想。而课堂主体的口语活动以统一主题为前提，学生选择不同形式，则有更好的课堂效果。仍以《最后一片叶子》为例，学生可以以个人形式进行演讲、复述故事或讲述感想，也可以两人一组进行访谈，还可以多人合作短剧。虽然形式不同，但学生在参与自己小组活动时都进行了资料分析整理，口语练习准备，所以在最后的讨论和点评环节，学生显得积极而自信。由此可见只有任务主题一致，有所准备，大部分同学才会参与到主题的学习，这样在后续观看任务展示环节才会产生共鸣，在点评环节才会有深刻的感受，课堂翻转才更加成功。相反，如果每次口语任务不作范围规定，只作形式一致的要求，那么就会出现学生观看时没有共鸣，点评时不积极的现象，课堂翻转无法展开。

第三，要将以往教师点评转为教师点评和学生互评相结合的形式，尽最大可能增加学生的口语活动的参与度。课堂翻转就是要把学习的主动权交还给学生，把课堂的舞台转让给学生。教师在讨论和点评环节也应尽量淡化其指导功能。

第四,在评价和反馈过程中,对于中国大学生口语中语音、语调、连读等问题的通病,教师在课堂上进行统一讲解和练习,如辅音 t、d、k、g、的发音都是由气流产生,而受本土发音习惯的影响,学生经常发成 /tə/də/kə/gə/。针对这一通病,教师可设计活动作为课堂翻转任务进行专项练习。对于各个小组中出现的非共性错误,教师可在网络展示平台进行点评。任务完成者在课下对作品进行相应的调整,为完成下一个任务打好基础。

第五,完善的口语测评体系为英语口语的翻转课堂教学提供保障。目前流利说英语、扇贝口语、口语易、FIF 等口语练习软件能够为使用者进行评分,以便使用者看到口语中存在的问题,有针对性地练习,从而提高口语水平。除了鼓励学生充分使用网络口语练习软件,在课堂上教师还可以发放口语评价表,让学生评价展示者的语音发音是否标准,语调是否正确,词汇和句型是否正确丰富,表达是否连贯。学生在使用这些标准评价同学时,也以此为鉴,按照标准提升自己的口语能力。

网络日益成熟的新时代为大学英语口语教学的改革提供了新思路。在大学英语课时不断被挤压,提倡网络自主学习的大环境下,将大学英语教学网络化,使学生通过喜闻乐见的网络形式查找资料、交流心得、拍摄录制、播放探讨、完善修正,将口语教学从寥寥几个学时延伸到更多的课下自主学习,从时间上和空间上都给大学生提供了更多的英语口语学习机会。教师精心设计翻转活动,将课堂时间充分利用,使学生能掌握更多的口语知识并提高自学能力。通过实验、问卷调查和访谈可以验证大学英语口语课堂通过网络化和翻转化可以在日益缩减课时的情况下点燃学生口语表达的热情,有效提高学生课堂学习的效率和学生的英语口语水平。

第三节　翻转课堂在大学英语阅读教学中的应用

一、英语阅读技能

阅读要遵循一些基本的模式,具体包含如下几种模式。

(一)自下而上模式

自下而上模式起源于19世纪中期,是一种较为传统的阅读模式。所谓自下而上,即从低级的单位向高级的单位加工的过程,低级的单位即基本的字母单位,高级的单位如词、句、语义等,从对文字符号的书写转向对意义的理解的过程。

也就是说,自下而上的阅读模式是从对字母的理解转向对文本意义的理解。显然,这一过程是有层次、有组织的。因此,读者要想对语篇有所理解,就必须从基本的字母入手,理解某个词的意思,进而理解句子、语篇的意义。

(二)自上而下模式

自上而下的模式与自下而上的模式正好相反,其产生于20世纪60年代,是读者基于自己的知识结构,通过预测、检验等手段对阅读材料进行加工理解的过程。自上而下的阅读模式以读者为中心,侧重考虑读者自身的背景知识、自身的兴趣以及它们对阅读产生的影响。

著名学者古德曼(Goodman)指出,阅读可以被视作一种猜字游戏,读者运用自身固有的知识结构,减少对字母等的约束和依赖。在阅读中,读者需要对语篇结构进行预测,并从自身的知识出发理解语篇。

(三)交互作用模式

交互作用模式起源于20世纪80年代,这一模式即运用各个层面的信息来建构文本。但是,交互作用模式是一种双向的模式。交互作用模式是将上述两种模式融合为一体,涉及两个层面的内容。

第一,读者与语篇之间的相互作用。

第二,较高层次技能与较低层次技能之间的相互作用。

就文本理解而言,自上而下的模式相对来说比较重要;对词汇、语法结构而言,自下而上的模式相对来说比较重要。如果将两种模式的精华提取出来并加以综合,就成了交互作用模式,其便于对语篇的整体理解。可见,这一模式是最为实用的模式。

第四章 翻转课堂在大学英语听说与读写教学中的建构与应用

二、翻转课堂模式在大学英语阅读教学中的具体应用

（一）英语阅读翻转课堂

在过去的英语阅读教学工作中，教师会直接告知学生阅读课程的重点难点内容，在这一课堂背景下，学生常常被动接受、记忆这些知识点，不会自主思考相关内容。翻转课堂正好相反，在翻转课堂上，学生、英语教师的课堂地位发生明显变化。教师会在上课前，录制、准备微视频。在课堂上，学生能直观观察、研究这些视频，且能在教师指导、答疑下，借助相关微视频，自主学习英语阅读课程。这种新的英语阅读教学方法使学生在新时代英语课堂上的主体地位充分体现，教师在此基础上引导学生自主学习、自主探索阅读知识点，能给学生创造更为优质的英语阅读学习条件，且能帮助学生更好更快速地学习阅读课程。

从以上分析中可以看出，教师合理应用翻转课堂教学模式进行授课，对新时代学生英语阅读课程的学习十分有利。为保证未来翻转课堂下英语阅读教学工作的开展，教师应该细致研究其应用优势，并以此为参考，在未来合理应用该教学模式进行授课。经研究发现，翻转课堂教学模式的应用优势主要体现在三个方面。

第一，英语教师课堂引导作用得到发挥。翻转课堂模式下，教师角色定位更加明确，也即教师要积极改进从前"一言堂"的问题，将课堂时间交由学生进行支配，同时教师在这一过程中需要发挥组织和引导的作用，在适当的时机进行相应的课堂活动，如以合适的问题作阅读引导，让学生有重点地展开阅读，确保他们的方向正确、方法正确，如此便进一步确保了课堂效果。

第二，学生在英语阅读课堂上的主体作用得以体现。翻转课堂是一种高度强调"学生本位"的教学模式，这一点从翻转课堂的含义上我们也能够得知，翻转课堂在英语阅读教学中的应用在很大程度上满足了学生阅读英语的个性化需求，能够改善以往被动的学习状态。如对于某篇文章的阅读，为了让学生掌握文中的生字词，教师鼓励学生采用查字典的方式来解决这一问题，然后再充分利用课堂时间与学生进行深刻的讨论，这样便充分突出了学生的主体性，有助于他们自主学习能力和良好阅读习惯的养成。

第三，英语阅读教学时间得到有效管理。翻转课堂模式下，教师可借助多媒体、慕课、微视频等多种形式展开阅读教学，利用好课堂上的每一分钟，同时也能引导学生将自己的课余时间充分利用起来，开发"第二课堂"，进一步强化英语阅读教学效果。

教师明确上述三点应用优势，在未来的英语阅读教学课堂上合理应用翻转课堂教学模式进行授课，能使当代学生深入参与英语阅读教学活动，相关学生也将借此顺利完成英语阅读学习任务。此外，翻转课堂在英语阅读教学中的应用还有更深层次的意义。一方面，英语阅读关系着学生语言能力、人文素养以及跨文化交际能力的发展，但在传统教学模式下，英语学科的突出价值没能得到充分展现，此时提出翻转课堂的应用是我国为改善传统教育教学弊端所做出的一项重要选择。另一方面，翻转课堂的应用适应了当今社会人才的需求形势，是一项非常具有现实意义的教学手段，既迎合了学生个人发展需要，也与社会发展的大趋势相符，因而我们进一步确定了构建翻转课堂的必要性。

（二）英语阅读翻转课堂应用模式分析

1. 教师应该事先录制微视频

学生对英语阅读课程是否感兴趣，是否主动参与相关教学活动，直接影响其英语阅读课程的学习质量，且将影响翻转课堂下英语教学工作的开展效率。基于这一情况，教师应该从英语阅读教学内容入手，在课前准备相应的微视频，借此吸引学生注意力，使班级学生能在翻转课堂上自主探索、自主学习微视频内容。在录制、准备微视频的过程中，教师应该合理控制视频时间、视频内容。通过实践得知，微视频宜控制在15分钟左右，视频内容不仅包含阅读课程中的重点难点，还包含优质的英语阅读学习资料。为调动学生的英语阅读学习兴趣，教师还可以在视频内添加趣味动画、图片等。这样，英语阅读课堂教学气氛将变得活跃，学生也能在微视频的帮助下，提升个人英语阅读课程学习兴趣，并参与到相关学习活动。经实践发现，学生自主观看这些微视频，与小组同学、授课教师讨论、交流疑问问题，能使相关学生英语阅读学习质量显著提高。

第四章 翻转课堂在大学英语听说与读写教学中的建构与应用

比如，教师在讲解 *The Olympic Games* 这一课时，就可以先根据课程内容，制作相应的微视频。在录制、制作微视频的过程中，教师需要联系 *The Olympic Games* 课程内容，寻找相应的图片、动画辅助制作。成品的微视频中含有相关理论知识点、趣味图片等大部分内容。经实践发现，教师在授课前，将视频上传到学习平台，引导学生自主预习，能使学生初步了解课程内容。在翻转课堂上，教师可以使用多媒体再次展示微视频，并引导学生在自主阅读后，与小组同学探讨微视频中的内容。以上教学行为，能使学生深入参与英语阅读教学活动，学生在翻转课堂中发挥个人主体作用，探究、学习课程知识，能帮助学生更好、更全面地了解奥林匹克运动会。英语阅读教学水平、教学质量也将在这一过程中显著提升。

2. 教师应该主动和学生互动

为保证翻转课堂在当前英语阅读教学的应用质量，教师应该发挥个人在课堂上的主导作用，密切关注班级学生课堂参与状态，并在学生自主学习、互相探讨的过程中，主动和学生进行有效互动，帮助学生解答疑难问题。目前，以上教学行为均得到落实。学生基于这一优质条件学习英语阅读课程，将在微视频帮助下完成自主学习任务，且将在教师指导下，解除疑惑，继续探究英语阅读课程。基于翻转课堂的英语阅读教学工作将因此顺利开展，其开展质量也十分理想。

比如，教师在讲解新课程前，可以将班级学生按英语基础、性格能力等情况，分成几个小组。在过去的英语阅读教学中，教师会直接讲解课程内容，学生只是按要求强行记住课程内容。教师将学生分成小组，在此基础上应用翻转课堂教学模式进行授课，能使学生在互帮互助、互相探讨的过程中，全面了解、学习课程内容。值得注意的是，在学生小组探讨的过程中，教师应该鼓励学生勤于提问。教师须关注学生在翻转课堂中的参与状态，且须及时给予学生指导、帮助。经实践发现，学生主动提问，在疑惑时向教师寻求帮助，能使教师更快速地了解学生学习需求，教师有针对性地帮助学生找到思路，能使学生收获良多。目前，上述英语教学活动均顺利开展，学生在翻转课堂上的主体地位更是逐日体现。

3. 教师应做好教学评价工作

在翻转课堂教学结束后，教师应该及时开展教学评价与总结工作。

在这一环节,教师可以根据阅读课程内容、学生自身基础,给学生布置相应的作业。通过学生的作业完成情况,教师能获知学生真实的学习情况,并以此为参考,优化个人英语阅读教学方式,给学生提供针对性教育,帮助学生完成英语阅读课程学习任务。在教学评价环节,教师还应该对学生在翻转课堂中的表现情况进行客观评价。经实践发现,教师综合对学生进行评价,引导学生优化个人英语阅读学习方式,能使相关学生在不断探索、尝试中,找到适合自己的英语阅读学习方法,在学习中锻炼、提升个人英语阅读能力。

从教师角度来说,在完成本节课教学之后还应该进行深刻的反思,具体应该着重于以下三个方面。

第一,是否对教材进行了相应的延展,学生是否对选择的阅读素材感兴趣,具体可根据学生在各项课堂活动中表现出来的积极性和自主性作出判断。在这方面,要以培养学生形成良好的阅读习惯为目标。

第二,由传统教学模式转变为翻转课堂模式的过渡是否自然流畅,是否班级里的每一名学生都充分参与了课堂活动,小组合作学习和汇报展示环节的效果如何。在这一阶段,教师应通过多元化的评价体系激活学生的课堂体验,让每一名学生都从英语阅读中收获知识、找到乐趣。

第三,课堂气氛是衡量英语翻转课堂质量的一项重要指标,但教师不应一味地注重氛围的营造,而是要在突出这种形式的同时密切关注学生对阅读文本的掌握情况,在必要情况下给予他们一定的指导和帮助,这样才能从根本上确保学生的阅读质量。

应用注意事项如下所述。

1. 配置完善先进的技术设备

经调查发现,教师在技术设备的帮助下,在阅读教学工作中合理应用翻转课堂教学模式进行授课,能使翻转课堂英语阅读教学活动顺利开展。具体表现为:在翻转课堂上,教师需要在技术设备的帮助下,才能及时获知班级学生的英语阅读学习情况。在技术设备的帮助下,师生交流更加便捷,学生能借助技术设备向教师提问,教师也能借此及时回答学生的问题。除此之外,技术设备的有效应用还能使学生借助网络,学习微视频。从以上几点可以看出,技术设备是否完善、健全,直接影响翻转课堂教学模式的应用质量。教师应该明确这一点,从硬件设施入手,

第四章　翻转课堂在大学英语听说与读写教学中的建构与应用

主动配置完善、先进的技术设备,以便打造优质的课堂环境。

2.教师自觉提升个人教学水平

通过调查可以获知,教师在翻转课堂上会使用微视频进行授课。微视频的质量会在一定程度上决定当代学生英语阅读课程的学习质量、学习效果。基于这一情况,教师应该在课前做好微视频的录制工作,确保视频内容既与英语阅读课程相关联,又能吸引学生的注意力。为达成上述目标,教师需要细致研究阅读课程内容,且需要自觉提升个人英语阅读教学水平,在做好微视频录制工作的基础上,给学生提供针对性较强、优质的英语阅读教育。学生自主学习能力有限,且往往无法长时间专注地学习。教师在录制视频时应该考虑这一点,合理控制视频时长,确保微视频能在英语阅读教学活动中发挥应有的价值、作用。

3.着重培养学生自主学习能力

除上述方面的注意事项之外,教师在应用翻转课堂教学模式进行授课时,还应该注意培养学生的自主学习能力。在翻转课堂上,学生会占据课堂的主体位置,且需要自学相关内容。教师需着重培养学生自主学习能力,引导学生课前预习、课后复习,这对相关学生英语阅读知识的学习十分有利。

为达成上述目标,教师需要明确个人在翻转课堂英语阅读教学活动中的主导地位。教师需要借助微视频、课堂问题,吸引学生注意力,调动学生自主学习的兴趣。当学生真正对英语阅读课程感兴趣时,其探究欲望将大幅提升,且将在自主学习、探索的过程中养成自主学习的好习惯。

总而言之,教师合理应用翻转课堂教学法进行授课,能使英语阅读教学质量显著提高。学生在翻转课堂上学习英语阅读课程知识,将在自主学习、教师引导下,轻松掌握阅读课程内容,顺利完成相应的学习任务。在未来,教师也要深入研究翻转课堂教学模式,尝试在其他方面教学工作中,合理应用上述教学模式进行授课。

(三)翻转课堂与英语阅读教学融合的实践

1. 优化教学结构,指导学生自主阅读学习

翻转课堂教学模式互动性强、资源丰富,与传统教学模式相比,可以合理调整教师教学、学生学习的时间。优化配置教学资源,调整教学结构,调动学生自主学习的兴趣。翻转课堂与英语阅读教学策略融合,可以搭建学生自主学习的平台。让学生通过自己操作,主动去看、去听、去学、去记,并完成阅读学习的任务。比如在英语阅读课堂教学中,英语教师可以基于翻转课堂教学模式的应用,集中时间和力量给学生讲解分析阅读课程的重点。而把学生容易理解或记忆的知识点,翻转到课前预习或课后练习中,合理设计阅读教学的各个环节。这样就可以让学生在阅读学习中更有方向,能够结合自己的薄弱知识环节进行重点攻关,养成良好的自学习惯。还可以针对学生的学习能力和水平,设计分层次的阅读学习任务,让学生选择适合自己的学习方式和方法,促进他们在阅读学习中更有效掌握英语知识。

2. 突破英语阅读教学的重点和难点

在传统的英语阅读课堂教学中,要想突破教学重点和难点,帮助学生扎实有效掌握英语知识,需要英语教师认真分析教材内容并精心编写教案,在课堂教学中给学生作细致、深入的讲解。这种教学方法对于突破教学的重点、难点虽然有一定作用,但是对于一些变化复杂的英语句型、词组、语法等知识点,仅凭英语教师的口头讲解,许多学生还是理解不透、掌握不准。翻转课堂教学模式可以通过多媒体课件、微课视频制作等方式,把英语阅读学习的重点、难点知识,形象、直观地给学生展示出来。让学生在阅读英语学习中,仿佛进入文本的真实情境,帮助他们深刻理解文本内容,准确掌握英语阅读学习的知识重点和难点。

为了帮助学生更好地记忆和理解重点生词、掌握新句型的用法,可以把翻转课堂教学模式与阅读教学策略有机结合。用视频、多媒体技术给学生展示物品的图片,以及物品所处的位置,创设学生对话交流的情境,巧妙把本课重点新单词和句型融合其中。结合情境创设训练学生阅读与聆听能力,引导学生在英语阅读学习中由浅入深、层层递进,最终

第四章 翻转课堂在大学英语听说与读写教学中的建构与应用

有效理解和掌握这些知识点,突破英语阅读课堂教学的重点和难点。

3. 引导学生进行探究性阅读学习

通过网络技术平台,翻转课堂与英语阅读教学策略的融合,可以促进师生、生生之间的互动,让学生从英语教师那里及时获得阅读学习的指导信息,进行探究性的阅读学习活动。在英语课堂上,英语教师不再是单方面的知识传授者,而成为学生英语阅读学习的合作者与参与者,能引导学生从多个层次和角度去理解英语知识。在英语课后阅读作业练习中,还可以通过翻转课堂给学生布置一些探究性的作业任务,安排一些开放性的问题,引导学生将课堂上学到的知识进行应用,主动探索英语知识,培养学生在英语阅读学习中的探究性学习能力,增强他们探究学习的意识。指导学生在英语阅读学习中借助网络平台自主去搜索学习资源,克服阅读学习中遇到的一些问题和障碍,掌握英语阅读学习的有效方法,提升英语阅读学习能力。

4. 开展英语阅读实践教学活动

翻转课堂教学模式是以信息技术为基础的,通过与多媒体技术、网络技术、微课技术等深度融合,给英语教学带来了许多新的方法和技术手段,推动了英语阅读教学的发展变革。在英语阅读教学中,我们可以通过融合翻转课堂,把学生阅读学习的内容从课内向课外拓展,开展形式多样、内容丰富的阅读实践教学活动。比如,多媒体技术融合了视频、声音、图像等多种元素,具有声情并茂的特点。在英语阅读教学中,我们可以结合多媒体技术的这些优势,引入课本教材之外的实践教学资源。拓宽学生英语阅读学习的范围和渠道,让阅读教学过程变得更加丰富多彩。

5. 进行课后的巩固练习和查漏补缺

在完成阅读教学之后,许多学生对英语阅读的一些知识点,仍然没有理解透和掌握牢固,需要课后进行强化练习,并进行知识的查漏补缺。为了帮助学生更好地开展课后学习,英语教师可以利用翻转课堂教学模式,把阅读教学的一些重点知识向课后翻转,围绕学生学习中遇到的难点问题设计作业内容。指导学生把新旧知识串联到一起,内化和吸收课堂中讲解内容。也可以给学生布置一些总结性的学习任务,让学生对照自己的学习状况进行查漏补缺,构建系统完整的英语知识体系。

总之,想要实现翻转课堂与英语阅读教学策略融合,就应认真分析这种教学模式优势特点,结合当前英语教学现状,优化调整课堂教学内容,合理给学生分配好课前、课中、课后的阅读学习任务。抓住英语阅读教学的重点和难点,积极开展实践教学活动,引导学生开展自主性、探究性学习。让学生产生英语阅读学习的兴趣,掌握英语阅读学习的有效方法,养成良好的阅读学习习惯。

第四节 翻转课堂在大学英语写作教学中的应用

一、英语写作技能

写作是作家记录自身对万物的观点和理解,以文字为基本载体,也可以有效促进人与人之间的沟通。英语教学也需要与时俱进,对于英语写作而言,学者们有着不同见解,但本质上相似,又略有差异。

王初明认为写作质量体现在长度、内容、语言表达和结构方面。内容、语言运用和结构差异,可以充分看出学习者的英语写作能力。[1]

Cheng认为写作与听、说、读、译技能不同,它的综合性较强。学生的认知焦虑、生理焦虑和回避行为都可能影响学生学习成绩。[2]

王初明提到学习者的综合性思维能力、语言运用能力可以通过写作体现。[3]写作反映学生对所学知识理解情况、语言思维和逻辑能力,学生情绪与写作成绩二者相互影响。

不同专家对英语写作有着不同的定义,这些定义基本提到了写作水平主要是从内容、语言运用和结构上来体现,而写作成绩是衡量学生

---

[1] 王初明.以写促学——一项英语写作教学改革的试验[J].外语教学与研究,2000,32(03):207-212.

[2] Cheng Y-S.A measure of second language writing anxiety: Scale development and preliminary validation[J].Journal of Second Language Writing,2004,13(4):313 — 335.

[3] 王初明.外语写长法[J].中国外语,2005,(01):45-49.

第四章　翻转课堂在大学英语听说与读写教学中的建构与应用

英语写作水平的重要指标,所以,教师应对学生进行系统、高效的英语写作教学,在日常教学中,更应该重视学生英语写作能力(内容、语言运用、结构)的培养,从而提高学生的英语综合能力。

二、翻转课堂模式在大学英语写作教学中的具体应用

（一）充分发挥微课工具教学价值

聚焦翻转课堂教学模式的实际开展内容及过程,教师能够准确把握微课的运用,必然是课程教学工作的主要路径。因此,教师有必要充分确保微课具备良好的可靠性和引导性,因此,在微课的内容制作和环节设计的整体过程中,教师就需要提升自身的网络应用技术和计算机使用水平,并在此前提下充分结合自身长期积累的丰富教学经验,确保微课所涵盖的教学内容能够切实遵循学生的生活习惯与学习规律。具体来说,教师在设计微课环节和制作微课内容的过程中,需要充分立足课本内容基础,确保微课搜集并整理的素材内容能够与课本内容具备充分的关联性。例如,教师在开展 home-work 主题写作教学环节的过程中,就可以为学生制作关于英文信件的主题写作微课,引导学生通过学习微课了解信件写作的基本格式,充分提升学生在英文信件写作过程中所运用格式与语言的规范性。在完成微课讲解后,教师还需要向学生有针对性地布置课程学习目标与任务,促使学生能充分通过观看微课内容在知识理解和技巧掌握方面取得良好的成果,从而具备对于英文书信的自主创作能力。在学生的知识理解范围和内容学习深度拓展方面,教师可以通过为微课视频加入多样化英文信件写作布局的展示环节,为学生预留自主选择写作任务完成形式的空间,对于学生在完成微课学习后仍然存在的学习问题,教师需要引导学生针对微课内容反复观看,从而自主针对学习问题展开思考并提出解决方案,如果学生仍然无法解决自身问题,教师应该要求学生记录问题,并将问题带到课堂上直接提出。通过此种形式开展翻转课堂模式可以有效提升学生的知识内化成效,并推动学生顺应自身发展偏好实现对于写作素养体系的完善构建。

(二)紧密结合教学课堂开展实践

尽管课件是翻转课堂课程教学模式重要的来源途径,但教师仍然不能忽视课堂在学生写作能力发展过程中所具有的重要作用。课堂教学不仅可以促使学生奠定扎实的知识基础,充分增强学生对于英语词汇、语法等知识的理解记忆程度,还能够更为显著地推动写作教学模式实现一体化,从而充分增强学生对于英语知识的实践利用能力,有效提升学生在英语写作方面的技巧水平。因此,英语教师在教学课堂实训开展阶段,仍然需要促使自身充分掌握完善的职能认知,从而切实提高课堂教学工作质量。翻转课堂教学视角下的开展方式具体包含以下形式。

1. 解惑答疑

解惑答疑环节的核心目标在于解决学生在学习微课或是日常生活的过程中所面临的英文写作困难。因此,教师有必要广泛搜集并清晰罗列学生所出现的多种写作问题,从而采取针对性和科学性的教学举措进行处理。在此过程中,教师需要准确提取不同学生所集中呈现出的共性学习问题,从而以此为基础反思自身的教育方式,通过创新和调整教学理念和教学形式,有效推动学生英文写作知识的接受效率。

2. 小组协作学习

教师在组织学生以小组协作形式开展英语写作学习的过程中:

首先,应当科学分析并完善学生群体分组形式,为性格特征、学习习惯与学习能力不同的学生做出合理的组合与搭配,确保小组内部成员在学习方面所具有的差异化优势与劣势能够得到互补,在小组内部构建互相竞争且互帮互助的良性学习体系。

其次,教师在学生群体以小组形式分析探讨写作问题的过程中,还应当保证自身处在观察引导角度,对学生的分析内容和思考成果认真倾听,合理把控探讨节奏和课堂秩序,并借助平台集中记录不同小组的多样化学习困难,在讨论结束后的答疑阶段做出统一的处理。

3. 评比写作作品

教师通过引导学生将自身的英语写作作品参与评比并获取评价的

教学方式,将能够更为显著地突出英语写作实训的价值和意义。教师可以在课堂开展阶段,为学生规定文章写作的题目与方式,引导学生完成英文写作任务,并促使学生将自身所完成的写作成果交由教师和班级开展评价与比较,通过优质文章的评比为学生树立典型学习模范,在充分鼓励优质文章作者的同时有效激发其他学生的学习热情与竞争心态。

(三)借助翻转课堂理解写作手法

在英语写作教学期间,翻转课堂的应用价值主要可通过以下两个层面凸显。

首先,可以帮助学生基于前几个角度正确理解知识。借助翻转课堂的应用,可以构建起完善的知识体系,将散乱的写作知识进行有机整合,便于写作时有效应用。

其次,可以使教师的执教形式更加灵活。在传统备课方法中,教师在教材内选取内容进行撰写,没有考虑学生的实际学情,因此无法满足学生的实际教学需求。以 school life 这一单元的学习为例,本单元的写作内容为向别人介绍自己在学校内的生活,多数学生在制订写作大纲之后直接进入写作部分,不具有明确写作手法的意识,这就需要学生强化个人的写作能力和写作思维,在写作时耗费一定时间进行深入思考,其间教师要引导学生将个人可用或者想用的关键词句、句型、短语标注出来,例如 In China、swimming and scanning、In the UK、school life 等。阶段开展的英语写作教学需要教师引导学生借助翻转课堂,掌握具体的写作手法,以写作大纲和内容为基础选择相符的语法关键词、短语、句型等,由此帮助学生减少用于写作的时间,同时强化写作质量。

(四)借助课外实践活动促使学生积极主动学习

在实际应用翻转课堂教学模式期间,学生不仅要强化课内的英语学习,还要重视课外学习的同步强化,在自主收集资料、探讨课文学习内容实现知识初步掌握的基础之上,达到课后稳定巩固的效果。多数学生的英语基础相对较差,学习兴趣和学习积极性缺失,对于此,教师可安排趣味性较强的课外实践活动,以调动学生的学习热情,引导其产生主动探究学习知识的意识。通过课内与课外的有机融合,不断强化学生的自主学习能力,如举办英语沙龙、英语游戏角等实践活动,帮助学生拓宽课内所学的英语知识,将理论知识融入实践活动中,以强化个人的学习积极性。具体而言,可以在实际的课外实践活动中引导学生自主设计游戏规则、活动流程和内容,使全体学生可以主动参与其中,实现更多英语知识的积累。

  翻转课堂作为互联网技术催生下的创新型课程教学应用模式,对其有效运用将能够充分推动学生借助网络平台对课堂知识开展针对性、科学性和全面性的学习,切实促进学生在英语核心素养中的写作水平的显著提升,促使学生在学习过程中有效摆脱教师所授知识框架束缚,实现对网络中数量更多、质量更好且范围更广的优质性教育资源的利用,进而帮助自身提升学习质量。因此,英语教师有必要充分提升自身对于翻转课堂教学模式应用工作的重视程度与技能水平,通过课堂实践方法的持续改良和完善优化,切实保障学生以英语写作能力为主的学科核心素养和综合整体能力获得良好培养并取得全面提升。

第五章　翻转课堂在大学英语翻译与文化教学中的建构与应用

　　英语翻译与文化教学作为大学英语教学中的重要组成部分,日益受到人们的重视。大学生的翻译技能以及文化素养的提升不是一件容易的事情,需要英语教师通过多种途径提升学生学习的积极性,进而增强他们对英语翻译、英语文化的学习意识。为此,本章重点研究翻转课堂在大学英语翻译与文化教学中的建构与应用。

第一节　翻转课堂在大学英语翻译教学中的应用

一、翻译知识

(一)翻译的界定

任何一种翻译活动,不论从内容方面(政治、社会、科技、艺术等),还是从形式方面(口译、笔译、同声传译),都具有鲜明的符号转换和文化传播的属性。作为文化和语言的转换活动,翻译的目的是沟通思想、交换信息,进而实现人类文明成果的共享。没有翻译作为媒介,文化、传统、科技的推广就无从谈起,所以翻译是人类社会共同进步的加速器。

从文化的角度来说,文化具有动态的特点,由于经济的发展、科技的进步,文化也随之发生改变。例如,互联网和电子媒体技术的发展,带来了网络文化的繁荣,才有了今天的各式各样网络语言和网络文化的产生。对于翻译活动的参与者而言,随时掌握文化的动态,既要了解世界文化,又要及时跟进掌握母语文化,这是从事这一行业的基本要求。所以,所有翻译从业人员应该对政治、科技、经济、社会和时事等保持足够的兴趣,随时了解最新信息,才能在翻译实践中做到游刃有余。

翻译的标准有很多,但基本的共识是要达到"信、达、雅"这三个标准。"信"即对原文的忠实,翻译是不可以随意发挥和篡改原作者的语义和情感的。"达"是指翻译的内容要使读者或听者充分准确地理解,令人迷惑不解的译文是不合格的。"雅"是指语言的优美,能让人产生美感。当然"雅"应该是建立在"信"和"达"的基础之上的,没有对原文含义的"信"和表达的通顺,"雅"就没有任何意义了。

翻译中的口译具有即时性的特点,译者往往没有充足的时间做准备,要根据现场情况及时、准确地理解和传达,因此译者须具有更加强大的心理素质,和更加广博的知识储备。另外,也有一些对译员的心理和生理条件的要求,比如比较胆怯的性格特点,或者有先天性语病的(口吃、发音障碍等)就不适合担当口译工作。笔译的从业者则要从不同的方面来考虑。

笔译首先要求翻译内容更加准确和优美,为此,译者应该做好充分的准备,包括对原文作者的了解,对材料背景和相关专业知识的学习和准备。只有做足了功课,才能确保对原文语义的精确理解。表达是笔译的第二步,当然表达的准确程度依赖于对原文的理解程度。此外,还要对翻译的内容进行校对,确保没有笔误,不遗失信息。

翻译的方法可以简单分成意译和直译。意译指的是译者只忠实于原文的语义,而不拘泥于原文的表现形式。因为中外文化的巨大差异,很多词语和表达法在另一种语言中完全不存在,或部分存在,这样就要求译者对原文语义有全局性的把握,从而在不改变基本语义的情况下,对表达方式作出适当的调整。而直译法则既能保持原文的语义又能保持原文的形式,包括原文的修辞手段和基本结构,从而既表达了语义,又保留一定的原汁原味儿的异国情调。在具体翻译实践中,不必固执地保持意译或直译的风格,采用哪种方式一定是视情况而定的,取决于原文的特点。在绝大多数情况下,需要两种翻译方式的结合,才能创作出理想的译文。

对于翻译者基本素质的修炼,首先,当然是译者要有较高的英语水平,只有这样才能从理解和表达的角度做到准确无误。其次,译者还要有扎实的汉语基础,这和要有雄厚的英语基础是同样的道理。除此以外,译者还应该具有广博的知识储备,丰富的翻译经验和认真的工作态度。只有具备了上述条件,才能成为一名优秀的翻译工作者。

(二)翻译技巧

1. 长定语的翻译

英语的长定语包括从句、独立结构等,与之相比,汉语的定语在位置、使用方式、使用频率等方面均有不同,所以长定语的翻译一直是我们英语学习中的难点。我们学习英语,不可避免地会以母语作为参照,因此英语学习的过程就是摆脱母语干扰的过程。在翻译比较复杂的语言文字时,大脑须在两个语言频道间频繁转换,由于对母语本就自然依赖,此时大脑更容易受母语影响,而长定语翻译的困难之处正在于此。

在翻译实践中,根据原句的特点和句子长短,可尝试运用两种翻译技巧:

(1)原句较短,可译成标准的汉语定语句式。例如:

Besides coffee industry, there are many other fields in which Uganda and China can cooperate.

除咖啡产业外,乌中之间在很多其他领域都可开展合作。

(2)原句较长,可将定语从句拆开单译。例如:

After years of economic reform, this country has achieved macro-economic stability characterized by low inflation, stable exchange rates and consistently high economic growth.

经过数年经济改革,这个国家实现了宏观经济的稳定,其特点为低通胀、汇率稳定和持续高速的经济增长。

因为在即时口译中,时间有限,若译成较长的句子,容易产生口误或错误,导致听者理解困难。汉译英时更要注意长定语的翻译,毕竟我们英语的使用不如汉语熟练,如果在长句翻译中稍有语法错误就会影响翻译质量。英文母语使用者的第一追求是意思的清晰明了,而不是句式和用词的复杂华丽。

2. 无主句的翻译

无主句是汉语使用中常出现的情况。例如:

医院将提升学术水平作为重中之重,实施科研精品战略,以立足长远、收缩战线、调整布局、突出重点、加强协作、结合医疗为方针,加强学科建设、重点实验室和科研队伍建设,先后培养出5个国家重点学科,18个省重点学科,8个卫生部重点实验室,为获取重大科研课题和重大科研成果奠定了基础。

在这样一个长句中只有开头一个主语。翻译中如果也这样设计句子结构,就会产生非常混乱的感觉。建议具体翻译方案如下:

添加主语:The hospital prioritizes the upgrading of academic capacity and establishment of key disciplines. It practices the "Strategy of Premium Research". It holds on to the Long-term based, concentrated, restructured and concerted guideline which combines with medical service.

被动语态：Key disciplines and key labs are emphasized in the process which resulted in the establishment of 5 national level disciplines, 18 provincial ones and 8 labs of ministerial importance.

在书面和非常正式的场合可用从句：That premium research is practiced as a strategy, that the guideline of long-term, concentrated, prioritized development are emphasized.

3. 替代词的使用

在我们阅读翻译作品时，常感文字表述不顺，很重要的一个原因是英文替代词的使用要远多于汉语。其中包括代词、名词、助动词、系动词等。此时，我们应该注意依照目标语言的使用习惯进行转译。例如：

沈阳是个以制造业为经济基础的城市，……沈阳还是个有着上千年历史的古城。

Shenyang is a manufacturing based industrial city …it is also a thousand years old ancient city.

I prefer cars made in Germany to those made in Japan.

译文：相比日本汽车，我更喜欢德国车。

另一种替代是用可表示其特点的名词替代。例如：

Both China and the United States are great countries in the world and their partnership will be contributive to world peace and development. The greatest developed country and the greatest developing country will certainly play leverage in world affairs.

中美两个大国及其伙伴关系会对世界和平和发展作出巨大贡献，两国在世界事务中将起到举足轻重的作用。

注：英文表述中分别用表示各自特点的名词 the greatest developed country 和 the greatest developing country 替代各自的名称。这样的情况在英文中比比皆是。如提及中国时可用 the fastest growing economy, the most populous country in the world 等。提到美国时可用 the most advanced economy, the only superpower 等。

4. 三段式翻译

中文表述中常出现多谓语情况。例如：

大连地处辽东半岛南端,风光美丽宜人,是东北乃至东北亚地区重要的海港城市。

这种情况下,建议将次要谓语译为独立结构,另两个谓语译为双谓语句子。翻译如下：

Situated on the southern tip of Liaodong Peninsula, Dalian is a city of pleasantness and a harbor city of regional importance in Northeast China, even in Northeast Asia.

5. 插入语

英文会使用很多插入语,跟汉语相比这是较为独特的现象,在翻译中应该注意句子成分位置的变化,以达到更加地道的语言表达效果。例如：

Another impediment to archeological research, one of worldwide concern, was the increasing resistance to excavation of the remains of indigenous inhabitants.

令世界关注的另一个对考古研究的阻碍是人们对当地居民遗产的发掘的抵制。

Zookeepers know, to their despair, that many species of animals will not breed with just any other animal of their species.

令他们失望的是,动物饲养员知道很多动物并不随意与同类交配。

6. 句子成分转换

一些经验不足的译者往往进行字对字的翻译,经常费力不讨好,且译出的语言文字显得不伦不类,有时甚至令人费解。实际上翻译是一个思想传递的过程,而非一味追求语言的绝对忠实。例如：

装备制造业是国家工业化、现代化的标志。也是国民经济的基础,是一个国家竞争力的体现。

Capacity of Equipment manufacturing indicates industrialization and modernization, underlies national economy and backs up national competitiveness.

上例中,将原文的宾语译成了谓语。

7. 填词、省略法

在翻译过程中,原则上不能随意加词,但为了更好地表达,以便读者或听者能更好地理解,翻译时也可添加词,前提是原文中虽未提及,但明显隐含其意。例如:

Without your help, my trip to China wouldn't have been such a pleasant one.

如果没有你的帮助,我的中国之行不会如此愉快。

有添,就有略,两者都是由文化差异、语言习惯造成的。如果不进行必要的处理,自然无法达到最佳翻译效果。例如:

会议讨论了环保问题。

Meeting discussed environmental protection.

上例中省略了"问题"。

二、英语翻译教学的现状

将翻转课堂教学模式应用于大学英语翻译虽然必要,但在实践中有许多问题亟待解决。

(一)英语翻译教学的机制还需要完善

现行大学英语翻译教学的机制还有需要完善甚至重塑的空间。翻转课堂教学模式的开展须改变教学双方的角色,而大多数大学对学生的教育仍然停留在"教师教、学生学"的阶段,这种传统的教学理念与翻转课堂的教学理念截然不同,以授课教师为课堂中心角色的教学模式无法为翻转课堂应用于大学英语翻译教学提供充分的发展空间,没有真正将学生作为课堂中心角色,成为翻转课堂在大学英语翻译教学中推广实践的最大绊脚石。传统的教学理念扼杀了学生自主思考的能力,即便是在大学英语翻译教学中应用翻转课堂教学模式,也无法保证达到预期满意的教学效果。

（二）翻转课堂对教学方式改革力度小

翻转课堂对教学方式进行了较大程度的改革，由传统教学模式中师生"面对面"的方式转变为将教学重心放在课前预习的课件视频制作上，将以往注重课堂教学转变为提高课前预习的比重，大多数教师对这种教学模式能否起到良好的教学效果持有怀疑态度，因此对翻转课堂的开设持反对态度。反对者认为学生缺少自律能力，学习效果主要依靠教师在课堂上"耳提面命"来保障，如果将学习的主动权交给学生，将教学重心由课堂教学向课前预习转移，难免形成学生在预习环节敷衍了事，而在课堂上不能与教师授课的节奏同步，进而使学习效果大打折扣。

另外，虽然国内部分大学已经将翻转课堂应用于英语翻译教学，但并未能吸引学生对英语翻译的学习产生兴趣，不能达到预期的教学效果。英语翻译专业对学生词汇量以及发音等要求很高，词汇学习的过程枯燥且重复，再加上语法、逻辑关系等学习的复杂性，导致学生对英语翻译的学习失去兴趣。虽然翻转课堂的开展改变了教学模式，但授课教师受传统教学思维的影响，教学内容没有进行更新或者优化，属于"老酒装新瓶"式的创新，教学内容与传统课堂没有差别，无法激发学生的学习兴趣，进而影响教学效果。

此外，教师队伍的整体素质、业务水平以及对网络、多媒体技术的掌握在很大程度上影响翻转课堂下大学英语翻译的教学效果。目前，大学普遍存在的情况是英语翻译专业教师队伍中具有丰富教学经验的教师往往是年龄稍大的教师，他们对网络媒体相关的技能了解较少，能够熟练使用网络媒体技术的年轻教师又缺乏教学经验，业务能力有待提高。这样的教师队伍人员结构不利于翻转课堂的开展，打造一支全面发展的教师队伍来保障翻转课堂在大学英语翻译教学中良性发展是目前亟待解决的问题。

（三）英语翻译教学体制不完善

在英语翻译教学中，因为教学受到传统教育体制影响，所以学校仍然存在以教师为主导的单一化教学现象，越来越多学生的综合素养、学习能力变得逐渐薄弱，对推动英语翻译教学发展带来许多障碍。目前，

第五章　翻转课堂在大学英语翻译与文化教学中的建构与应用

在翻转课堂教学背景下,虽然翻转课堂教育已经在很多学校得到了开展,但是因为传统课堂教学理念根深蒂固,所以翻转课堂教学的效果并不明显,仍然重理论知识教学,忽略学生技能教育。与此同时,在学校传统教育观念影响下,英语翻译课程本身的教学功能未能发挥出来,学校英语翻译教学体制也不够完善,未能在课程体系建设中为学生提供参与构建的空间和机会。尤其是大学生还要应对考试,无法投入更多精力来进行自主学习。部分教师对翻转课堂教学的认识不足,加上教学体制不完善、观念落后,进而影响翻转课堂与翻译教学之间的有机结合。

（四）教学主体文化意识待提升

现有英语翻译教学中,不少教师的文化教育意识有待提升,未能充分挖掘英语翻译教学背后的文化知识、思想观念。同时,在日常教学中未能重视学生跨文化意识的培养,从而导致英语翻译教学受到很大影响。翻转课堂教学中教师未能结合课前预习、课中互动、课后交流的教育特点加强学生英语文化意识培养。在许多英语教师看来,学生通过课堂学习掌握英语运用知识和相关能力才是教学重点。因此,在具体教学中比较重视学生的语言基础知识教学,通常要求学生背诵固定的句型搭配,或者与英语有关的语法知识,更有甚者让学生在英语翻译知识学习的同时背诵考试题目,很多教学行为都是以服务考试为目的,对文化意识的培养概念了解不足,并认为英语翻译教学中的文化内容未能对学生的学习起到很大用处。因为一些教师自身的文化知识积累不足,所以在通过文化知识有效影响学生、教育学生等方面存在问题。与此同时,部分教师认为在英语翻译教学中应该引导学生掌握足够的翻译技巧,这样才能更好地适应未来的工作岗位,却缺乏对文化教学知识的有效渗透,无法通过翻转课堂培养学生跨文化意识。

（五）英语翻译教学队伍不精良

假如教师存在教学水平、信息技术掌握能力不足等方面的问题,那么会对最终的翻转课堂教学、英语翻译教学效果带来不利影响。就目前教学而言,部分教师对翻转课堂了解不足,忽略学生学习动机的激发。

为了推动翻转课堂教学全面发展,教师必须借助网络技术开展教学,但现阶段仍然有部分教师的信息技术运用能力,不能满足学生网络化教学的要求,学校缺乏可以运用信息技术和网络技术的精良队伍。加上一些教学队伍的网络文化意识落后,在通过翻转课堂开展教学等方面存在不足,相关教师在网络出现问题时,不能有效解决,即使知道网络教学存在问题,也抓不到重点,无法明确自身工作职责等。一些学校在英语翻译教师队伍建设中出现和时代脱节的情况,未能加大教师信息素养和翻译教学能力的培养,最终影响翻转课堂的有效开展,以及翻译教学水平的提高。

三、翻转课堂在大学英语翻译教学中的应用优势

传统的大学教学模式通常由任课教师担任教授角色,学生处于被动学习的角色,学习的主要场地为教室,这种教学模式不利于充分调动学生的积极性与发挥学生的主观能动性。特别是英语翻译这门学科,学生单纯地利用课堂时间学习远远不够,必须充分利用课外时间采用多种途径学习,方可取得良好的学习效果。因此,将翻转课堂应用于大学英语翻译教学,其特有的优势得到了彰显。

首先,翻转课堂教学模式改变了大学英语翻译教学中教师和学生的身份与责任。教师不再采取单一的灌输式的教学,而是在上课前充分备课,制作相应的视频材料供学生学习,并对知识点进行难易归类,对难点或学生难以理解的问题进行重点讲解;于学生而言,也不像以往一样,在课堂上被动接受知识,学习也从课堂扩展到课下。课下,学生通过各种途径进行预习并根据教师下发的视频自学,能自行掌握难度较低的知识点,整理在预习中遇到的难点,便于更清晰地理解课堂上教师讲解的内容,能以问题为导向有针对性地学习,轻松掌握课堂内容,减缓课程的紧张感,达到强化学习效果的目的。教学双方的身份在翻转课堂下得以改变,教师既要负责学生课前预习材料的准备,又要在课堂强调重点,还要进行针对性答疑。而学生除了学习教师安排的任务外,还会以小组学习等方式与同学开展研讨交流等,由被动接受转化为主动探索,成为学习的中心角色。

其次,翻转课堂教学模式下的教学形式也发生了改变。传统课堂教学模式下,教师与学生须在同一个时空(同一时间、同一教室)才能完成

第五章 翻转课堂在大学英语翻译与文化教学中的建构与应用

教学,极大地限制了优秀师资力量对教学团队的注入。特别是英语翻译专业,外籍教师的授课环节尤为重要,翻转课堂的开设使外籍教师没有办法直接授课这一问题迎刃而解。突破时空的限制,教师可在家甚至国外就完成课前录制课件视频、课中通过视频为学生讲解重难点以及课后开展针对性的答疑等工作,这比上一堂单纯的视频课效果要好,也极大地丰富了教学形式。

最后,翻转课堂的开设为推动学生学习评价工作的多元化作出了贡献。传统的教学方式,学生成绩由平时成绩与考试成绩组成,而平时成绩的赋分容易缺少直接依据。翻转课堂开设后,每次课前预习完成后可设置自评自测环节,将自评自测分数纳入平时成绩考核,这从侧面让学生重视预习,达到强化学习效果的目的。在大学英语翻译教学中开展翻转课堂符合教育发展需求。随着我国经济水平的提高与物联网技术的发展,大学教室已经配备多媒体设备,学生普遍拥有电脑、手机等电子设备,加上网络资源中有大量与英语翻译相关的内容可供学习,这为大学英语翻译教学开设翻转课堂提供了有利条件。除自己制作课前学习视频外,教师还可以推荐或带领学生观看英语影视作品等,为他们营造良好的英语学习氛围,全面提升了学生的英语学习能力,教学效果也明显提升。因此,将翻转课堂应用于大学英语翻译教学十分必要。

四、翻转课堂在大学英语翻译教学中的具体应用

(一)优化英语翻译教学体制

首先,学校可以针对学生英语翻译课程学习积极性不足的情况,创建基于翻转课堂教学的英语翻译教学体制,重视学生学习兴趣的培养,让学生参与英语翻译教学体制的建设,进而合理推动课堂教学的创新和改革。教师应该在全新的英语翻译教学体制引导下,运用多元化教学方法和学习模式培养学生。比如,教师可以将一些基础性的带有翻译的知识制作成课前教学视频,让学生提前结合视频进行学习和预习。同时,教师可以为学生制订学习计划,向学生推荐目前流行的英文电影、小说,从而帮助学生快速记忆比较困难的英语词汇。翻转课堂教学模式有助于学生更好地进行英语翻译知识学习,降低学生知识记忆难度,转变传统枯燥重复的学习过程,提高课堂教学吸引力。

其次,在英语翻译教学体制建设中,应该构建一体化的英语翻译教学方案,教师需要在课前为学生制作英语翻译教学视频,将重点和难点知识融入其中,让学生在课堂教学之前预习。同时,在课堂教学互动环节中,教师需要结合教学主体多元的翻转课堂教学特点,加强师生互动,共同分析教师制作的英语翻译教学课件和视频内容,着重分析学生遇到的疑难问题。

最后,在课后环节,教师可以让学生点评自己在翻转课堂学习中的不足、优点,也可以让学生互评,发现彼此的优势和缺点,使学生提升对自我的认知,并在互动学习和交流中提高教学效果。

(二)提升教学主体文化意识

在翻转课堂教学中,师生双方都要增强教学主体文化意识,运用翻转课堂的课余、课中时间,提高翻译实践教学和翻译文化教学效果。

一方面,教师应该增强文化意识,注重学生英语跨文化交流能力的培养。同时,基于翻转课堂的英语翻译实践机会大大增加,学生不仅可以在课前通过网络视频、英语书籍,了解英语翻译知识和相关文化内容,还可以运用微信等社交软件展开英语交流,这让学生的日常学习更加丰富。在课堂教学中,教师应该注重英语翻译教学背后文化知识的讲解,通过和学生互动的形式,带领学生认识英语翻译中的文化知识内容,提高学生主动学习英语翻译文化的意识。

另一方面,学生应该提高自己主动学习英语翻译文化的认知,通过翻转课堂分析英语翻译背后存在的文化知识,了解不同国家文化、语言的差异性特点,从而使学生获得良好的跨文化交际能力,更好地参与未来英语翻译工作。此外,在翻转课堂教学中,教师可以鼓励学生主动收集英语翻译文化知识,让学生的知识获取渠道更加丰富。

(三)合理营造良好教学环境

在英语翻译教学中,翻转课堂教学方法的实施需要学校和教师转变传统教学思路,对现有的教学思想进行优化,以敢于尝试和创新的态度,提高翻转课堂教学效果。在翻转课堂教学中,学校应该深刻理解其

第五章　翻转课堂在大学英语翻译与文化教学中的建构与应用

教学的基础、优点,然后在此基础上为英语翻译教学提供良好环境,加强翻转课堂教学所需的硬件、软件设施建设,让网络化的教学和学习更加方便。教师在教学中,应该为学生营造良好的学习环境,通过自身的教学经验、信息素养培养学生。目前,由于英语翻译教学存在缺乏翻转课堂教学教师,因此学校应该做好教师队伍素质建设工作,加强培训考核机制建设。

根据目前国际比较流行的英语翻译教学特点,定期培训考核英语翻译教师的能力和素质水平。当然学校可以向英语翻译教师传递网络教学、电脑网络技术操作技能有关的知识,提高教师通过翻转课堂与学生课前互动、课余时间沟通交流的在线教学能力,进而让英语翻译教学有更多优秀的、适应时代发展需要的英语翻译教师。在翻转课堂教学背景下,学校和教师应该改变教学手段,健全教学体制,为翻转课堂教学的实施和发展奠定基础。还要提升教学主体文化意识,注重学生跨文化交流能力的培养,并营造良好的教育环境,提高翻转课堂教育效果。

五、翻转课堂下大学英语翻译教学实践

翻转课堂与传统课堂在授课流程方面并无太大差别,均可分为课前准备阶段、课中教学阶段与课后反馈阶段。为了充分发挥翻转课堂应用于大学英语翻译教学中的作用,可以从以下三个方面着手。

(一)课前准备阶段

翻转课堂的教学理念是以学生为中心,强化他们在课前预习的过程,并没有忽略授课教师在这个环节的重要作用。

首先,学生自学的资料由教师指定,除现有资源外,教师还要录制相关课件的视频。这一环节需要教师对知识点有清晰的认识,根据难易程度对知识点进行分类,以满足不同成绩区间学生的预习需求。需要注意的是,在课件视频制作中切忌照搬书本知识,应结合课程内容,插入诸如外国文化、著名英语影视戏剧作品等元素吸引学生的关注,激发其学习的动力,逐步培养他们学习英语翻译的兴趣,增强翻转课堂课前准备阶段的学习效果。

其次,对于小班教学的翻转课堂英语翻译教学,可考虑制订"一人

一案"的教学方案,根据学生的差异化情况制作预习课件视频,做到因材施教。对于学生人数过多无法实施"一人一案"教学的,教师应在学生预习完成后收取自评自测材料或预习掌握情况反馈表等,及时了解他们的预习情况,根据预习情况有针对性地安排后续环节的教学内容,确保课中教学阶段的教学内容满足大部分学生的需求。为满足以上要求,授课教师应提升自己的综合能力,以满足翻转课堂下大学英语翻译教学的需求。

对于学生而言,应充分调整自身学习状态,端正学习态度,重视课前预习,适应翻转课堂这种全新模式,在预习阶段对自己能力范围以内的知识点务必掌握,并对不能理解的知识点做好记录,在课中教学阶段着重听讲。

(二)课中教学阶段

翻转课堂强化了学生在课前准备阶段的主动性,这并非弱化了课中教学阶段的重要性。课中教学阶段最主要的任务是针对学生在预习中遇到的疑难问题进行解答。为了提高学生的主动性与参与度,翻转课堂模式下英语翻译教学的课堂设计应丰富教学形式,采取互动式教学方式,让学生成为课堂的主角与中心。在这个过程中,教师并非旁观者,而是引导者,掌控全场的研讨进展,对表现优秀的学生给予表扬与鼓励,对表现不佳的学生加以引导,使其尽快参与课堂学习。另外,教师要了解学生学习能力的差异性,在对学生进行分组学习时应根据英语翻译能力的高低进行合理搭配,使一个组同时拥有不同学习水平的成员,学习能力较强的学生帮助学习能力较弱的学生,以促进整体学习水平的提升。课堂最后,教师应对本次课进行总结,根据学生表现进行点评,并对重难点知识进行概括总结,同时布置课后练习作业,强化学习效果。

(三)课后反馈阶段

课中教学结束后,师生应主动开展课堂情况交流。教师通过交流可了解学生对课堂知识的掌握情况,对学生未掌握的知识在课后或下次课上进行答疑与巩固。另外,通过学生对课件视频呈现效果的反馈,教师可了解学生的喜好情况,制作他们感兴趣的课件。对于学生而言,通过课后与教师沟通，主动对自己课堂上没掌握的知识点进行询问，对知识点的学习加以巩固。除此之外，英语翻译是一门重视实践与演练的课程，学生在课后应运用所学知识点，及时开展各种形式的英语翻译练习，对课程知识进行复习，增强学习效果。

第二节 翻转课堂在大学英语文化教学中的应用

一、文化知识

"文化"（culture）这一词语意味着什么呢？它有多种意义。例如，人们认为那些能读会写的人，那些懂得艺术、音乐和文学的人是"文化人"。不同人对文化的理解有不同方式，每一种方式都或多或少有助于我们理解某个过程、事件或关系。遇到陌生人时，第一个被问的问题通常是"你来自哪里？"这主要是想了解这个人长大的地方或者是想知道这个人之前住在什么地方。我们下意识地认为在同一地方长大或生活的人说同样的语言，有很多相同的价值观，用相似的方式交流，换句话说，他们被认为具有相同的文化。有时我们甚至会认为文化是商品或产品，如玩具、食品、电影、视频和音乐，并且可以在国际上自由进出口。这些对"文化"印象式的理解不一而足。

（一）文化的概念

自从进入近代研究视野，"文化"这一概念在中外学术界不同学科领域曾出现上百种甚至更多的定义。

美国语言学家爱德华·萨皮尔（Edward Sapir，1921）定义文化为一个社会的行为和思想。

理查德·本尼迪克特（Richard Benedict，1930）认为真正把人们凝聚在一起的是他们的文化、共同的思想和标准。

柯恩（R. Kohls，1979）认为文化是指特定人群的总体生活方式，包括一群人想的、说的、做的和制造的一切。

文化学家罗伯逊（I. Robertson,1981）的观点是每个社会的文化都是独特的,包含了其他社会所没有的规范和价值观的组合。

荷兰学者吉尔特·霍夫斯泰德（G. Hofstede）在2001年提到"我认为文化是将一个群体或一类人与另一个群体或一类人区分开来的思想上的集体程序。'思想'代表了头、心和手——也就是说,它代表了思考、感觉和行动,以及对信念、态度和技能的影响。"

文化定义的多元化说明文化确实是一个庞大且不易把握的概念,虽然各有侧重,这些解读和界定都解释了文化的一个或几个层面。

（二）文化的分类

由于文化的多样性和复杂性,很难给文化下一个明确清晰的定义,对文化的分类也是众说纷纭、不尽相同。我们从一个侧面来看文化的分类,文化也可以理解为满足人类需求的一种特殊方式。所有人都有一定的基本需求,比如每个人都需要吃饭和交朋友等。心理学家亚伯拉罕·马斯洛（Abraham Maslow,1908—1970）认为,人都有五种基本需求。

第一,生理需求,这是我们赖以生存的基本需求,包括食物、水、空气、休息、衣服、住所以及一切维持生命所必需的东西,这些需求是第一位的。我们必须满足这些需求,否则我们就会死掉。

第二,安全需求,我们得活下去,然后我们得保证安全。安全需求有两种,身体安全的需求和心理安全的需求。

第三,归属感需求,一旦我们活着并且安全了,我们就会尝试去满足我们的社交需求。与他人在一起并被他人接受的需求,以及属于一个或多个群体的需求。例如,对陪伴的需求以及对爱和情感的需求。

第四,尊重需求,这是对认可、尊重和声誉的需求,包括自尊,以及对他人的尊重。努力实现、完成和掌握人和事务,往往是为了获得他人对自己的尊重和关注。

第五,自我实现的需求,人的最高需要是实现自我,充分发挥自己的潜力,成为自己可能成为的人。很少有人能完全满足这种需求,部分原因是我们太忙于满足较低层次的需求。

根据马斯洛的理论,人们按上述的顺序满足这些需求。如果把这些需求从低到高比作金字塔的话,人们在攀登金字塔时总是先翻过第一层才能爬上第二层,通过第二层才能到达第三层,以此类推。尽管人类的基本需求是相同的,但世界各地的人们满足这些需求的方式各不相同。每种文化都为其人群提供了许多满足人类特定需求的选择。

文化的分类在一定程度上也契合人类需求的这五个层次。另一个形象的类比将文化比为冰山,认为每种不同的文化就像一个独立的巨大冰山,可以分为两部分:水平面以上的文化和水平面以下的文化。水平面以上的文化仅占整体文化的小部分,约十分之一,但它可见、有形且易于随时间变化,因此更容易被人们注意到。水平面以下的文化是无形的,并且难以随时间变化。它占了整个文化的大部分,约十分之九,但要吸引人们的注意力并不容易。水平面以上的文化部分主要包含实物及人们的显现行为,如食物、衣着、节日、面部表情等生活方式和说话习惯,也包含文学作品、音乐、舞蹈等艺术的外在表现形式。水平面以下的文化包含信念、价值观、思维模式、规范与态度等,是构成人的行为的主体。尽管看不到水平面以下的部分,但它完全支撑了水平面以上的部分,并影响着人类的各个方面。

二、翻转课堂在大学英语文化教学中的具体应用

(一)设计文化主题活动,引导学生在文化熏陶中探究思考

在新的形势下,教师应该勇于尝试新的教学模式,真正落实"以学生为中心",发挥学生的主观能动性。英语教师应该挣脱教材的束缚,善于将各种线上资源与线下教学相结合,突破时空的限制,根据学生的年龄与特点巧妙地运用各种教学方式丰富学习环境,大力探索与开展各种文化主题活动,创设真实的文化交际活动,使学生沉浸式地在模拟的教学情境中感受与探索。

(二)第一课堂与第二课堂有机结合,积极开展文化实践活动

大学英语教学的课堂是第一课堂,是学生接受语言知识,训练语言技能的基础,也是教师培养学生跨文化意识和交际能力,传授中华优秀传统文化的主要阵地。各种文化实践活动、特色选修课、慕课平台、翻转

课堂则为第二英语课堂,可以进一步加深学生对中华优秀传统文化的理解,拓宽学生的视野。在第一课堂中,教师应积极准备授课内容,加强文化知识与语言知识的结合,而不是单纯地输入文化内容。另外,教师可以积极引导学生进行中西方文化的对比,培养学生的辩证思维,尊重文化的差异。

第六章　翻转课堂模式下大学英语教学评价的多元化发展

翻转课堂教学模式以其自身的优势在大学英语教学中脱颖而出。然而，当前对翻转课堂评价体系的研究尚处于起步阶段，存在依赖传统评价方式、缺乏学科针对性、本土化探索不够深入等问题。因此，本书以翻转课堂在我国大学英语课堂中的应用优势为切入点，以期为我国大学英语翻转课堂教学评价提供思路。

第一节　大学英语教学评价简述

一、大学英语教学评价的内涵

（一）区分评价、评估与测试

教学评价是对收集的教学活动和效果资料，按照既定的客观标准进行衡量和判定，这个过程具有客观性和系统性，本质是判断教学活动和效果的价值。为了得到准确的教学评价结果，作为评价者的教师必须严格按照客观标准的要求完成对教学活动相关资料的收集和测量。

测量是评价者将学生的学习效果进行数量转化，只是利用数学方法对学生学习行为和教师教学活动进行客观的描述，而不确定价值。例如，学生的考试成绩为 78 分，这个分数只是测量的一个结果，要想判断其价值还需要进行评价。另外教学评价中需要进行测验，测验需要使用测量工具或测量量表。考试只是测验的一个工具，评价则是分析和评判考试结果。

关于评价，很多人会联想到测试、评估，认为三者是同一概念。但是仔细分析可知，三者是存在一定区别的。简单来说，测试为评价、评估提供依据，评估为评价提供依据，评价是对教学效果的综合评估。三者的关系如图6-1所示。

从图6-1可知，评价与测试、评估的关系非常密切，但是也不乏区别的存在。具体来说，可以从如下几个方面理解。就目标而言，测试主要是为了满足教师、家长的需要，便于他们弄清楚学生/孩子的成绩。当今社会仍旧以测试为主，并且测试也为家长、教师、学生提供了很多信息。评估主要是为教师与学生提供依据，如学生在学习中遇到什么问题、学生学习的效果如何等，便于教师提升自身的教学质量，也便于学生提升自身的学习效果。评价有助于行政部门对教学资源进行合理配置。显然,三者发挥着不同的作用。

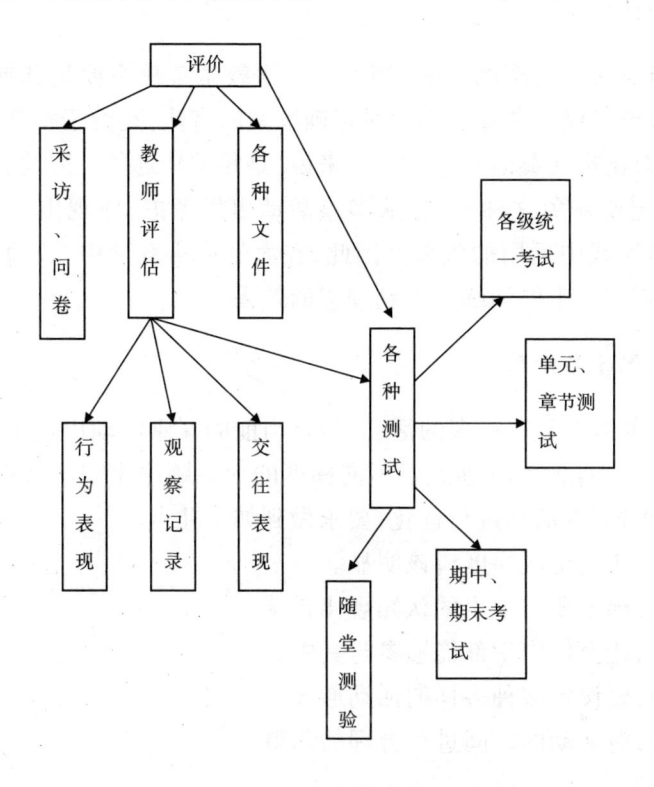

图 6-1 评价、评估与测试的关系

(资料来源:黎茂昌、潘景丽,2011)

(二)大学英语教学评价的指标要素

1. 三定二中心

所谓"三定",指的是教师从教学材料的特点、内容出发,对本次课的达标层次位置进行设定,然后分析各个目标层次可能需要用到的时间,最后考虑课堂评价的内容,对课堂展开定性评价与分析。所谓"二中心",指的是课堂要以学生的活动为主体,同时教学任务主要是培养学生的能力。

2. 知识再现

受当前考试题型的影响,当前的英语教学考核主要是选择题形式。这种考核形式仅仅考查了学生对正确答案的辨认,是处于智慧技能的初级阶段,对比现代英语教学的要求来说,是相差较远的。因此,在课堂训练中,一定要避免这种形式,从多重活动出发考虑,体现出学生所学知识在具体实践中运用的效果。因此,在大学英语教学中,教师尽量少用选择题,否则学生的训练达不到理想的效果。

3. 优化各类活动

大学英语课堂有很多的活动,但是当前的课堂活动出现了多而乱的情况,一些本身梯度不够或者不同梯度的活动顺序出现了颠倒的情况,这就需要对课堂活动进行优化,要求做到如下几点。

第一,活动层次梯度应该明显。

第二,梯度要与学生的认知规律相符。

第三,让全体同学都能够参与其中。

第四,要设置多种多样的活动形式。

第五,对活动的时间进行合理的调整。

二、大学英语教学评价现状分析

（一）以书面知识评价为主要评价内容

在大学开设英语课程,主要目标在于培养学生实际运用英语语言的能力,以及运用职业英语的能力,保证学生能够在学习、工作和生活中对英语进行有效运用。课程评价应将语言实际应用能力和职业英语能力作为基础,多维度考核学生的英语知识掌握程度,以及学生运用英语语言交际的能力和创新运用英语的能力,还需要关注学生的价值观以及情感态度,给予更为全面的评价。但是我国部分大学在英语教学评价中只关注书面知识,其考核评价内容为英语词汇量、运用语法的能力、阅读理解能力以及翻译能力。由于单纯地将书面知识作为主要评价内容,因此学生不会关注书本以外的英语学习板块,学生的学习成绩看似较高,实际上却无法有效运用英语。

(二)教师是唯一的评价主体

英语教师不仅是评价主体,同时也是被评价的对象,在评价体系内部的地位十分重要。大学英语教学评价往往由教师评价,很少甚至从不开展学生自评、学生间互评的活动,由于教学评价主体单一化,因此英语教师容易给出主观色彩浓烈的评价,评价结果失去应有的客观性。大学生必须参与教学评价,以此构建出完整的教学评价体系,同时彰显大学生在教学过程中的主体地位。

(三)只关注对结果的评价而忽视对过程的评价

部分大学在开展英语相关教学评价活动的时候,往往只关注结果评价,没有对过程评价给予充分的关注,英语教师只凭借期末考试的成绩,判定自身的英语教学情况以及学生的学习情况,这样做严重忽视了学生的学习过程以及学习态度,同时也从侧面打击了那些对英语抱有强烈学习兴趣的学生,甚至导致部分学生产生"理论至上"的思想,无法在后续学习过程中提升自身综合运用英语的能力。

(四)缺乏具备激励性质的教学评价内容

大学英语教师往往需要完成大量教学任务,英语教学只是其工作内容的一部分,因此英语教师为了让学生在短时间内掌握英语知识,会选择在课堂上长篇大论地讲解,然后草草进行评价。这样做忽视了学生的情感态度,而且个别英语教师没有在教学与评价过程中鼓励学生,导致学生在进入英语课堂之后缺乏成就感以及学习积极性。

(五)缺乏对听力等其他学习板块的评价

为数不少的大学在评价英语教学效果的时候更多地关注书面内容,虽然期末考试包括听力和笔试两部分,但是听力题目的分数占比较少,而且仅凭期末考试的听力题答题结果对学生的英语能力进行判断显得十分片面。还有部分大学并未考查学生"说"英语的能力,英语课堂内部的口语交际板块通常为"走马观花",即使英语教师在课堂内部进行评价,也缺乏实际的评价作用。

三、推动大学英语教学评价改革的策略

(一)大学应当及时转变英语教学评价理念

大学积极响应政府提出的职业教育改革要求,对英语课程教学进行初步改革,但是在建设教学评价体系方面,仍旧沿用精品课程相关评价体系,这种评价体系往往用于"工学结合、职业性和实践教学"的评价中,对基础性质较强的英语课程缺乏适用性。英语是高校内部的基础性课程,不仅具备工具性,也具备强烈的人文性,因此在评价过程中,必须先转变相关教学工作者对教学评价的认知,同时转变课程评价理念。

英语教学相关评价体系的建设,必须遵循以学生为本的要求,重视对学生综合英语能力的评价。学生运用英语的能力,就是评估教学评价体系是否科学的指标,学生在整个英语相关教学评价体系建设当中居于核心地位,而且英语教师在开展教学工作的时候,必须将学生放在中心位置,并且将该理念运用于评价活动中,保证教学评价体系能够完善。

除此之外,英语相关教学评价的内容也需要及时改革,英语教师必须突破传统的教学评价模式,开展综合评价活动,需要对学生的知识、态度、能力、情感、价值观等进行全面评价。在职业教育改革不断深化的今天,需要将学生运用英语知识解决职业问题的能力作为评价内容,以保证英语教学评价具备正确的方向。只有科学合理地设计评价内容,英语教师才能够有效推动英语教学以及评价体系的改革,同时解决以往英语教学评价片面化的问题,为我国社会培养更多的英语人才。

(二)大学应当建设专门的英语教学评价模型

大学英语课程具备明显的综合性以及复杂性,因此不仅要有序开展

第六章　翻转课堂模式下大学英语教学评价的多元化发展

教学评价工作,同时还需要革新相关评价模型。在构建英语教学评价模型的时候,英语教师应当注重评价阶段、维度、问题的系统设计。大学英语教学的评价模型分为三个阶段,分别为准备、过程以及效果。为了使评价模型具备更强的科学性,需要考虑不同阶段面临的问题,从而使评价模型与教学评价工作紧密结合。

其一,准备阶段,需要准备好评价所需的资料和信息,然后进行归纳与整合,同时总结以往教学评价中存在的问题,从而在改革过程中解决该问题。其二,过程阶段,大学需要号召评价主体与客体全面参与,其原因是教学评价工作并非只由某一个人或者一个专业内部的教师参与就能做好,而是应由所有相关人员共同参与,因此要做好过程控制与严格把关。其三,效果阶段,总结已经得到的评价结果,然后将此作为依据,对公共英语教学的方法进行调整,指导学生运用更科学的英语学习方法,发挥出评价的诊断、整改、督促等良性作用。

（三）大学应当合理选择英语教学评价指标

大学英语教学评价体系的改革,应当适当地借鉴发达国家的英语教学评价标准,同时对实际教学情况进行分析,兼顾其他类型的评价标准,以及国家精品课程评价指标体系中英语教学实际情况,制定科学合理的、能够切实发挥作用的教学评价体系,为评价具体指标奠定良好的基础。不仅如此,在评价指标体系的建设过程中,必须对教学评价相关的指标构成要素进行分析,分别就学生、教师、内容、背景四个层面进行评价,重点关注教学管理工作相关评价活动。需要注意一点,那就是评价体系的建设必须做到以人为本、内容多元、促进发展,评价指标必须具备多个维度,而不是运用单一维度。例如,在教学评价指标体系建设的准备阶段,英语教学评价应当重点分析教学资源以及教学内容等,同时考量教学的理念、意向以及策略,更需要考量教师和学生的个性特征、学生已经掌握的英语知识、学生所运用的学习方式等。在正式开展英语课程教学之后,应当评价教师的教学策略、学生的学习方法、教学内容等。而在教学效果评价阶段,应当评价教师的教学工作是否达标、学生的发展情况等。所有指标权重必须合理设计,量化评价指标。

（四）大学应当合理应用英语教学评价结果

在改革教学评价体系的过程中，必须结合现有的评价结果深入开展教学改革，从而使教学评价体系得到持续完善。在获取教学评价结果的时候，不仅要进行定量计算，还需要对评价结果进行定性分析，坚持综合性的评价原则，不得单纯地为了获得教学评价结果而将所有内容简单叠加。在设计教学评价指标权重的时候，必须考虑到关联程度以及知情程度，从而获得更为客观的评价结果。不仅如此，还要将评价结果进行公示，接受大学全体师生的监督，避免评价结果失真。

评价结果必须在实际英语教学工作中得到运用，同时关联英语教师的评奖评优、薪酬绩效、职称评定、学生综合评估等内容，使评价发挥出导向作用。首先，英语教师必须及时更新自身的教学理念，更多地在教学过程中培养学生运用英语的能力，还需要尊重学生的个性差异，在设计教学方法的过程中，将学生放在核心位置，因材施教。其次，在教学活动管理方面，大学应当关注先进的信息技术，对现有的教学资源进行利用，同时建设信息化的教学评价平台，保证英语教学评价体系的建设能够适应现阶段改革发展的要求。

第二节　大学英语教学评价的意义与原则

一、大学英语教学评价的意义

（一）提升学生学习的积极性

翻转课堂模式下的大学英语教学评价能够将学生的学习潜力挖掘出来，实现学生高质量的学习。实际上，学生的学习能力本身相差不大，如果采用科学的教学手段，就可以将不同学生的学习潜力激发出来。同时，翻转课堂模式下的大学英语教学评价模式还可以实现师生之间的和

第六章　翻转课堂模式下大学英语教学评价的多元化发展

谐互动,教师改变了以往"高高在上"的情形,与学生展开互动交流,从而将学生的英语学习积极性激发出来。

(二)培养学生的学习信心

翻转课堂模式下的大学英语教学评价克服了传统大学英语教学评价的弊端,帮助学生提升英语学习的信心。实际上,学生的英语学习信心与教师有着密切的关系,如果学校建立了翻转课堂模式下的英语教学评价体系,那么教师的整体水平就会提升,从而有助于促进学校、教师、学生之间关系的和谐。

二、大学英语教学评价的原则

(一)主体性原则

大学英语教学长期存在"费时低效"的情况,其根本原因在于大学英语教学过分重视教授,而忽视了学习,对于标准化与一体化教学过分看重,未重视学生的个体化差异。在新时代,大学英语教学需要考虑学生的情感与认知因素,允许学生对学习内容进行自行选择,并全部承担或者部分承担自身学习的前期准备、实际学习以及学习效果监控与评价等责任,让学生在学习与评价过程中形成一种监控意识。

(二)交互性原则

每一名学生都是一个完整的整体,教师与学生的工作目标是不同的,但是彼此之间也不是孤立的状态。教师和学生都是社会互动中的一部分,并且只有融入整个社会体系之中,才能将各自的效能发挥出来。大学英语学习本身属于一种社会性活动,对大学英语教学模式的探索必然与教师和学生相关,并且师生之间的互动也是大学英语课程的核心。师生互动对教学活动的质量起着决定性的作用,并且师生之间的交互模式也对他们各自的角色起着决定性的作用。在这期间,学生从被动的听课角色变成学习活动的计划者、学习过程的调控者、学习结果的评价者。教师的角色也发生了改变,从之前的知识的播种者转变成课堂活动的组织者、教学活动的研究者、学生学习的指导者。

(三)情感性原则

英语学习不仅是一个语言认知的过程,还是一个情感交流的过程。当师生围绕着教材展开教学活动的时候,教师、教材与学生之间不仅是在传递信息,还是在交流情感。大学英语教学在高等院校中被视作传承异域文化的中介。在大学英语课程发展中,培养积极的情感是非常重要的。在新时代的大学英语教学改革中,情感、态度、价值观需要引起教师与其他学者的关注。学生对英语学习的情感不仅能够激发学生学习的兴趣,还能够让学生感受到英语学习的快乐。

(四)实践性原则

1. 结合主观和客观指标

教学评价的指标分为定性和定量指标、单一和复合指标、静态和动态指标几类,要想将主观和客观指标有机结合起来,首先要明确定性指标,为评价提供具有科学性、合理性的信息。定性指标具有较强的主观性,因此需要从多方面制定"好""尚好"标准,避免评价者在评价过程中以主观意识为主,但也不是完全限制评价者的主观判断。

2. 评价指标简约化

设计教学评价指标要将教学活动的主要方面全面涵盖,但不能设计特别多、特别细的指标。教学评价指标应该简约化,也就是将所有无关紧要的评价指标去除,将关注点放在实质性指标上,这样才能控制好评价成本,使评价效率和质量有效提升。

3. 学生参与教学评价

设计教学评价指标的时候让学生参与其中,可以得到他们的认可。学生参与教学评价的主要途径有两种:其一,制定和修改评价指标;其二,运行和执行教学评价指标,即学生参与教学评价过程。

第三节　大学英语翻转课堂教学评价的多元化手段

一、翻转课堂教学评价多元化发展现状

（一）创建教学评价体系

在与翻转课堂有关的研究中,许多学者提出了在翻转课堂下创建教学评价体系的概念。

李馨认为,目前没有关于翻转课堂教学质量的评价制度,所以翻转课堂的绝大多数评价都不进行或使用传统方法来评价课堂教学,因此基于对国际教育 CDIO 模型的建立过程的分析,提出了翻转课堂教学质量评价系统的基本原则和路线图。[1]

张牧等为翻转课堂教学评价制度提出了意识形态上的关键挖掘以及具体的实践,强调要考虑翻转课堂的适用性。[2]

赵军合等人将翻转课堂与不同的教学方法联系在一起,建立了一个系统动力学模型,实现了提高翻转课堂效率的目标。[3]

何虹瑾认为翻转课堂的教学评价方法应与形成性的评价相结合。[4]

（二）量化评价指标

如何构建针对翻转课堂教学实践的教学效果的具体评价体系,使得

---

[1] 李馨.翻转课堂的教学质量评价体系研究——借鉴CDIO教学模式评价标准[J].电化教育研究,2015,36（03）: 96-100.
[2] 张牧,杨成.翻转课堂学习评价的研究综述[J].科技视界,2015（12）: 27, 18.
[3] 赵军合,贾丽敏,武丽丽.翻转课堂学习有效性评价研究[J].教育教学论坛,2015（10）: 165-166.
[4] 何虹瑾.翻转课堂与形成性评价结合的教改探索[J].南昌教育学院学报,2015,30（01）: 74-76, 95.

主观感受一堂课的"好"与"坏"转变成可以量化的具体标准，成为亟待解决的问题。

沈璐提出互联网等信息技术的普及为人们获取知识开辟了一条新的途径。翻转课堂的教学模式是在互联网的基础上发展起来的。目前，翻转课堂的应用已经进入深水区，迫切需要建立一套行之有效的翻转课堂教学评价指标体系。只有分析大学翻转课堂教学评价指标体系的设计理念，从课前、课中、课后三个方面对课堂教学效果进行评价，才能使其更符合课程设置和高校人才培养目标。①

徐剑波、刘玲也进一步明晰了评价层次的具体含义，即课前评价是指教师和学生在翻转课堂教学前对课前教材的准备和学习情况的评价。课堂评价是衡量学生对所学课程知识的消化吸收程度的重要标准。由于学生不可避免地存在个体差异和对基础知识掌握程度的差异，课堂学习主要是学生向教师提出课前学习中存在的问题，教师再进行一对一答疑指导的过程。翻转课堂的课后评价是指课程结束后对教与学的评价。②

张丹等也进一步表示在评价翻转课堂教学效果时，既要体现学生的主体地位，也要体现教师的教学主导地位。构建翻转课堂教学质量评价体系应遵循系统评价、教学过程与教学效果评价、多维度评价，确保翻转课堂的教学效果。③

（三）注意事项

在对翻转课堂教学实践教学效果的评价体系构建过程中，众多学者研究探讨如何才能使我们的评价体系贴近教学，使评价体系更有评价意义。

陆华晶提出，因为翻转课堂的教学模式要求学生具有更高的自主学习能力和意愿，所以教学评价不仅要起到评价学生学习效果的作用，更要起到督促学生学习、探索问题的作用。教学评价应以过程评价为主，

---

① 沈璐.高校翻转课堂教学效果评价指标体系的构建[J].决策探索（下），2019（11）：74.
② 徐剑波，刘玲.5G技术下翻转课堂教学效果评价体系研究[J].教育教学论坛，2021（46）：89-92.
③ 张丹，刘位杰，吴双艳，等.翻转课堂教学模式在生理学中的应用及教学效果评价[J].科技风，2023（02）：22-24.

第六章　翻转课堂模式下大学英语教学评价的多元化发展

结果评价为辅。为了突出学习过程的重要性,学生可以通过将平时成绩提高到70%,期末考试成绩降低到30%来培养自主学习的习惯和能力。①

白鹤龙等也明确表示在评价规则的建立上,要避免孤立封闭,体现开放性和多样性。翻转课堂是一种不同于过去的新型教学模式,其评价体系自然不能照搬过去的传统评价体系。②

韩扬扬、刘鹏等提出,翻转课堂并不适用于所有的教学章节,需要章节整合甚至与其他课程整合。这些都需要教师在今后的教学实践中进一步探讨和完善。③

总之,虽然翻转课堂的实践有一些限制,且评价体系构建起来较为困难,但部分学者仍认为,翻转课堂具有传统课堂所不具有的优势。

张文平、黄丹丹等表示,问卷调查显示,大部分学生认为从长远来看,以翻转课堂为基础的教学模式的教学效果优于传统教学模式,可以激发学生的学习兴趣,增加动手机会,提高动手能力,有助于提高小组合作能力。④即翻转课堂教学模式有利于培养学生的自主能力、探究能力、动手操作能力和合作能力,从而全面提高学生的综合素养。因此,开展翻转课堂教学实践是有必要的,建立翻转课堂教学实践教学效果评价体系,有一定的现实意义,若能结合学科特点,建立相应学科的翻转课堂教学实践教学效果评价体系,不仅可以给教师教学提供更好的教学依据,还能使学生增强学习兴趣,使其各方面的能力有所提高。

二、翻转课堂教学多元化评价的原则

大学英语课实施翻转课堂教学实践教学效果评价体系的设计应该遵循以下原则。

---

① 陆华晶.基于可拓学的翻转课堂教学效果评价[J].知识经济,2018(10):126-127,131.
② 白鹤龙,陈佳明,张宇航,等.高师无机化学翻转课堂教学效果评价[J].现代经济信息,2019(21):396-397.
③ 韩扬扬,刘鹏,苏爱华,等.互联网+形成性评价的翻转课堂教学模式效果研究[J].中国高等医学教育,2019(09):114-115.
④ 张文平,黄丹丹,黄真,等.翻转课堂教学模式在医学微生物学实验课中实施的效果评价[J].赣南医学院学报,2020,40(06):629-633.

（一）系统性评价原则

评价指标的选择和建设应该从整体的角度，结合大学教学的实际环境，全面、系统地考虑大学英语翻转课堂教学的整个过程，以及所涉及的各个方面。各指标之间必须有一定的逻辑关系。一级指标和二级指标之间不应有重叠的部分，它们必须是有层次的，并且能涵盖评估工作所涉及的所有方面。

（二）可操作性评价原则

构建这一评价指标体系的最终目的是更系统地评价大学英语翻转课堂教学实践的教学效果，并根据评价结果改进相应的不足。因此，所构建的评价指标体系必须具有实用性和可操作性。指标体系的结构设计应简单、评价指标的选择应该很容易量化，且易于计算，同时相应指标应尽可能简化，以减少计算的困难，从而提高评价工作的可操作性和实用性。

（三）客观性评价原则

在对大学英语翻转课堂教学实践教学效果进行评价的过程中，要注意评价指标的科学性，尽量避免增加过多的主观假设，必须采用更加客观的手段和方法，并使用数学计算方法来运用数据，定量分析大学英语实施翻转课堂教学实践的教学效果，最大限度地保证评价结果的准确性和可靠性。

（四）定性与定量相结合的原则

定性分析方法主要根据研究者的主观因素来考虑问题，若只根据经验和直觉来分析和解决问题，缺乏相应的数据支持，所得到的结果的科学性和准确性则不高，主观性太强，缺乏评价标度。定量分析方法是在大量数据的基础上，运用数学方法，通过计算得出，结果客观可靠。在实际的评价过程中，有时单靠定性分析方法或单靠定量分析方法得到的评

第六章　翻转课堂模式下大学英语教学评价的多元化发展

价结果是不全面的。因此,有必要灵活运用定性与定量相结合的方法,构建大学英语翻转课堂教学实践教学效果评价指标体系。①

三、翻转课堂教学多元化评价的建议

（一）教师教学要灵活

（1）教师教学的设置要从教学实际出发。需要分析学生的实际情况,考虑学生的特点,思考学生的学习条件是否便于展开相应的教学,其次还要考虑学生的时间,学生学习科目多,要在有限的时间内,开展最有效的教学;并且要根据不同层次的学生设置不同难度,提供不同的教学。

（2）加强知识与日常生活的联系,创设教学情境。与其他学科相比,大学英语具有很强的生命力。让学生在情境中感知和理解英语知识的实用性和价值,这与教科书相比更接近学生生活,能极大地激发学生的学习兴趣,培养学生观察和发现问题的能力,为学生创造更大的发展空间,培养创新思维。

（3）确立英语课程标准的教学理念,提高英语学科素养。建立基于英语课程标准的教学理念,鼓励学生深入理解英语学科的基本概念和原理,培养学生的英语学科素养。

（4）关注现代信息技术的应用。翻转课堂教学需要先进的信息技术,翻转课堂的引入允许学生在互联网上以微课程的形式观看视频,所以教师必须掌握某些现代信息技术,熟悉网络传播技术,能够组织教学音频和视频材料,以及制作电子课程,并使用网络平台进行视觉教学。

（5）注意教学结构的变化。在教学过程中,教师需要将教学重心从课堂讲解转移到学生学习和思考的过程中,适时地引导和促进学生的学习和思考,同时提供必要的支持和帮助,让学生在自主学习和合作中提高学习效果。

（6）创造积极向上的课堂氛围,营造良好的学习氛围,鼓励学生自主学习、勇于表达、敢于思考、敢于创新。

---

① 汪乐.基于层次分析法的高校图书馆学科服务评价研究[D].安徽大学,2017.

（二）减负与评价同行

（1）把握教育理念。旨在通过对学生学习过程的全面评价和细致分析，为学生提供更加有针对性的帮助和指导，同时减轻学生的压力和负担。既要确保学生在学习中获得充分的反馈和指导，也要避免过度的评价和过重的学业负担。

（2）正确理解教师减负的本质。减轻教师负担应该针对教师的繁重工作。教师的职责是精心准备课程、上课和审查作业、辅导学生和进行测试。减轻教师负担要与提高教学效率、发展智慧教育相结合，要求在保障教育教学质量的前提下，合理减轻教师的工作压力，提高教师工作的效率和满意度，包括改革教育管理体制、推进教育信息化建设、创新教学方法和评价方式、提高教师素质和减轻教师非教学工作负担等。这就需要学校、家长和社会的共同参与，形成合力，共同营造良好的教育生态。

（3）明确评价的本质。评价是对学生学习成果、能力、素养等方面的综合性评定，是对教学质量的客观反映。评价的本质在于促进学生全面发展，引导学生逐步掌握知识和技能，提高学生综合素质，为学生的未来发展打下坚实的基础。评价应当是一个相对客观、科学、合理、公正的过程，应当综合考虑多个方面的因素，包括学生的学习成绩、课堂表现、实践能力、创新能力等。评价应当强调学生的全面发展，不仅仅是对学生知识掌握程度的评价，还应该考虑学生的能力、品德、态度等方面。同时，评价也应当注重反馈和改进，帮助学生找到自己的不足之处，及时进行弥补和提高。

（4）增值评价可以促进教师的专业化。将重点放在垂直比较教师当前和以前工作的增值评价，减少由于教师水平比较而产生的盲目竞争的压力。教师评价的内容不应是苛求的，但应是"以评估来促进教育"，以研究更多的增值评价内容，即有利于教师专业发展的评价。

（5）对教师进行全面评估，提高教师评价的有效性。教育评价应更加注重师德建设、教育教学责任规范、团队合作等。全面的教育评价为教师提供了减轻负担的政治基础，这要求教师将学校、家长、公众甚至学生等许多主体引入，同时提高教师的师德和团队合作能力等方面的评价。减轻评价人的"一票否决"给教师造成的心理负担，提高教师减负的有效性，也提高教师评价的信度和效度。

第七章 翻转课堂模式下大学英语教师的能力与素质提升

随着翻转课堂的发展,教育理念发生了很大转变,对于大学英语教师的职业能力也提出了更多的要求。因此,本章就针对翻转课堂模式下大学英语教师的能力与素质提升展开分析。

第一节　大学英语教师的能力与素质

一、大学英语教师的能力

（一）教学能力

青年教师认为全面掌握和善于运用教材的能力以及良好的语言表达能力能影响有效教学行为，经验丰富的教师认为用多种策略解决教学问题的能力，独立思考和创造性地解决教育问题的能力，以及因材施教的能力能够影响教师有效教学行为。

教师的教学能力是指在教育教学过程中教师所展现出来的一种精神品质。在教学实践中，教师对自己的教学活动进行有效的认知和监控，从而提升自己的教学行为和教学能力，并促进学生的进步。不同教师的教学能力结构各不相同，激发学生的学习热情以及传授知识等能力属于教师的一般教学能力；而教师在具体的学科教学中表现出来的能力属于教师的专有教学能力。从课堂教学方面来分析，教师的教学能力可以细分为对自我的认知、对教学活动的把握以及对自身教学的监控。

教学操作能力是指教师在教学活动中，使用各种不同的方法来处理问题的能力。该能力是教师在课堂上所表现出来的综合素质，直接关系教学实践的成败。主要表现在：能够为每一节课制定特定的教学内容，并生成相应的教学目标；能够编写教学计划，提前对教学内容做好安排；能够恰当选择教学方法，设计合理的教学活动；在学生选择辅导资料时，能及时给予建议和意见；能采取恰当的课堂管理策略，对课堂中出现的突发事件予以解决；掌握对学习和教学进行测试和评价的策略，教师要以教学为目标、以教学内容为依据，对学生的学习进行适当的指导与督促。

第七章　翻转课堂模式下大学英语教师的能力与素质提升

教师的教学监控能力是指对自身的严格要求,是其教学能力发展的内在机制,对教学活动起着控制与制约的作用。具体体现在:对自身的教学行为有较强的规划,能自觉地对教学活动进行自我监控,调节并纠正教学中出现的问题。从某种意义上讲,一名教师的教学行为就是他的教学监控能力的外在表现,他的教学行为对于学生发展的推动,实际就是他的教学监控能力通过教学行为这个中介对学生的发展产生的影响。

由此可见,不同的教学能力通过不同的途径影响着教学行为的有效性。除此之外,不同层次的教学能力之间也是相互关联的,如教学认知能力是对开展教学活动把握能力的前提与基础,而后者又使得教学认知能力在具体的教学情境中得以实现;教学监控能力对教学认知能力、操作能力不断地进行检查与修正并通过后者表现出来。

（二）个性化教学素养

从构词结构来看,个性化教学素养可以由个性化教学与教学素养两词构成。因此,结合个性化教学与教学素养的概念界定,本书将个性化教学素养的内涵界定为教师进行个性化教学所需要的基础性品质与能力,即在课堂教学过程中,教师基于学生的个性差异与自身的个性特点,采用灵活的方法、形式、评价、策略、内容等,创设相应的学习环境让学生主动参与学习中,以促进每位学生最优化发展所具备的基础性品质与能力结构,主要包含知识、技能、情感等要素。作为个性化教学与教学素养的组合词,个性化教学素养涵盖了二者的基本特征。因此,个性化教学素养具有动态生成性、个性化以及综合性的基本特征。

1. 动态生成性

个性化教学素养是教师在个性化教学过程中动态形成的,并不能一蹴而就,其需要教师在教学过程中不断地学习与实践。因此,要想提高教师的个性化教学素养,就应该准确把握教师个性化教学素养的动态性,为教师进行个性化教学提供支持与帮助,充分发挥教师的主观能动性与创造性,不断丰富教师个性化教学的教育经验与智慧,从而提高教师的个性化教学素养。

2. 个性化

个性化教学素养是指教师进行个性化教学所需要的基本品质与能力，因此个性化教学是个性化教学素养的核心。而个性化教学是一种既要体现教师个性化，又要促进学生个性化的教学活动，其关键特质就是个性化。因此，个性化也是个性化教学素养的关键特征。个性化教学要求教师根据学生的差异与个性，灵活地采用教学方式促进学生的个性化发展，学生是不同的，教学就不会相同，因此教师的教学就不可能趋于统一。所以，教师在个性化教学过程中所形成的个性化教学素养就具有一定的自主性与个性化色彩，这既彰显了教师独特的魅力与智慧，又有利于促进学生的个性化发展。

3. 综合性

通过对素养的分析来看，素养是一个综合性的概念，是知识、技能与情感的综合体，那么作为素养的下位概念——个性化教学素养，自然而然也是知识、技能与情感的综合体，其也具有综合性的特征。但是，相比于素养，个性化教学素养更为具体，其主要是指教师进行个性化教学所需要的基本品质与能力，因此个性化教学素养是集个性化教学知识、个性化教学技能以及个性化教学情感等于一体的综合体。

（三）能动性素质

随着社会的不断发展，课程改革在教育领域中越来越受到重视，而教师能动性也逐渐成为人们关注的焦点。大学英语教师能动性更是教育改革的重要因素。因此，了解能动性的定义对于研究大学英语教师能动性具有重要意义。不同学者对于能动性的定义有着不同的看法。

能动性是指一个人主动追求、实现自己的目标的能力。能动性是一种内在的动机，可以激发一个人实现自己的目标。国内外学者对能动性的定义一般包括以下几个方面。

（1）能动性是指一个人对外界环境作出反应的能力。
（2）能动性涉及一个人参与多元活动的能力。
（3）能动性是指一个人在面对复杂环境时，能够自主地探索环境并作出正确反应的能力。

（4）能动性包括一个人的自我调适能力、自我管理能力以及自我激励能力。

我们可以发现,能动性的定义虽然多样化,但都与个人的主导权和独立性有关。不同的学者用不同的角度来描述能动性,但本质上都是在强调教师的主导地位和自主决策的能力。教师的能动性是指教师在教育实践过程中,根据自身的职业素养和教育实践经验,灵活应对不同教育实践情形,发挥自身的能动性,把握学习过程和教育实践的重点,并根据学生的学习情况及时调整教学策略的能力。简单地说,是指教师在课堂中可以根据学生的学习状态和学习需求,及时地调整教学内容和教学方式,以便更好地服务于学生学习的能力。

二、大学英语教师的素质

（一）专业道德素质

1. 专业精神

大学英语教师在教育教学活动中的价值取向和追求即为其专业精神。大学英语教师的专业精神直接影响着自身的行为及其结果。为此,它要求大学英语教师具备高度的教育责任感,将教育作为自己神圣的职责;具备精益求精的工作态度和甘为人梯的服务精神;具备清晰有效的反思意识,不断实现自我超越;拥有坚定不移的专业信念。

2. 专业自律

大学英语教师要表现出一定的"角色敬畏"。大学英语教师的角色意味着其所承担的道德责任和义务,而通过"角色敬畏",使大学英语教师在教育教学活动中"有所为有所不为",体现道德责任感和道德使命感。大学英语教师的专业自律还要求其体现一定的"教育良心",使大学英语教师对自己的教育教学行为进行自主控制与调节。

（二）专业知识素质

大学英语教师除了需要具备专业知识外，还应具备扎实的政治理论知识。大学英语教师应该不断积累自身的实践性知识，重视教育经验反思，培养教育情境敏感性，倡导教育叙事研究，关切教育情感体验。只有这样，大学英语教师才能全身心地投入到教育教学中，不断实现自身的发展和提高。

（三）专业能力素质

大学英语教师需要重视以下几个方面的能力素质提升。

第一，具备敏锐细致的观察力，即通过观察更好地把握学生的心态。对学生作出更加客观的判断，从而能够进行有针对性的教学。

第二，准确清晰的记忆力，即不仅对有关教育教学的知识有良好的记忆，对全班学生的各种情况也要有准确的记忆。

第三，具备一定的自我调控能力，使自身保持良好的情绪心理状态，用理智支配自己的情感，做到语言、行为合情理、有分寸。

第四，具备较强的创造能力，大学英语教师在借鉴前人发展先进经验的基础上，大胆进行工作方法改进，从中发现新的规律、新的观点和具有创造性的教育教学方法。

（四）专业心理素质

大学英语教师需要重视以下几个方面的专业心理素质提升。

第一，发展自身的人格心理素质，包括端正自身的需要与动机，培养良好的性格，提高自我调控能力等。

第二，发展自身的文化心理素质，要善于运用一定的方法和策略学习新知识和新技能，通过学习提高自身的实践创新能力。大学英语教师还要努力提高自身的文化素质，完善自身的个性和人格心理品质。

第三，发展自身的社会心理素质，认识到自身角色的多样性，建立良好的人际关系，具备良好的交往心理素质。

第七章　翻转课堂模式下大学英语教师的能力与素质提升

（五）专业人格素质

一个人的人格能够很客观地反映出其整体心理面貌。大学英语教师的人格形象能够体现出大学英语教师在教育教学活动中的整体心理面貌和心理特征。具体来说，大学英语教师的专业人格包括大学英语教师对学生的态度以及大学英语教师自身的气质、兴趣等方面。大学英语教师要实现其自身的专业发展，就应该形成大学英语教师的专业人格，为专业的发展奠定良好的心理基础。

19世纪的俄国教育家乌申斯基认为，在教育事业中，教学工作应该以大学英语教师的人格为根据，任何规章制度、任何机构设施，无论其设计和安排如何完善，都不可能代替大学英语教师的人格形象。只有通过大学英语教师的专业人格才能获得教育的力量源泉。

苏联著名教育家苏霍姆林斯基认为，从本质上来说，教育教学过程就是师生之间在心智和情感方面的沟通和交流过程。教育是人与人心灵上最微妙的相互接触。学生会因为大学英语教师的人格形象来对大学英语教师进行判断。

大学英语教师在长期的教育实践中，通过对教育、对学生、对自我的深切感悟理解，对职业道德和教育理想自觉追求的内化，可以使自身的大学英语教师专业人格逐步达到成熟。

（六）专业思想素质

从客观角度来说，专业思想是判定一个人是否属于一个专业人员的重要依据，也是现代大学英语教师与以往大学英语教师相区别的显著标志。所谓大学英语教师的专业思想，就是指大学英语教师在理解教育相关知识的基础上所形成的教育教学思想。大学英语教师在教育教学工作中，要做到以专业思想作为行动的世界观与方法论。大学英语教师的专业思想为其专业发展提供了理性支点和精神内核，对于大学英语教师成长为一个教育教学专业工作者有着重要的影响。

客观来说，教育专业思想是动态发展的，是不断演变的。因此，每一位大学英语教师都必须不断地总结教育教学实践经验，以此形成符合自身发展特点的、体现个人风格的教育专业理念、专业思想。在不断发展变化的现代社会中,大学英语教师应该树立终身学习的理念,促进自身专业思想与时代的发展要求相接轨。

第二节 大学英语教师的专业发展

一、英语教师专业发展之专业决策

由于我国的科学教育教学理念和行为相较于西方发展形成较晚,因此长期以来对于具体教育教学活动的教学方式、方法和策略基本上处于向西方学习的状态,特别是受到国外教学理论的影响较大。以专业研究方向:英语学科教学论为例,一般认为,英国的语言教学研究者,由于需要对其早期殖民地的人进行英语教育因此被认为倾向于英语教学;另一方面美国由于是移民输入大国,因此其英语教学倾向于使用二语习得的理论。在我国,对于这两种研究的理论倾向并无太大区分,在一段时间里缺乏对外来语言教学方式、方法和策略进行有效的本土化改良,开始以我国的英语学习实际情况为出发点,对中国人英语学习特点进行研究。随着我国英语教学研究的不断发展,很多研究开始转向对教学的方式、方法和策略背后的理念进行研究。

大学英语教师的个人教学逻辑是大学英语教师个人的认知、情感的个性化实践,这是大学英语教师个性化教学实践的根本来源。大学英语教师从个人经验出发对教学目的、内容、教学对象、教学本身、自我、课程和情境进行个性化理解。因此,大学英语教师的教学方式、方法和具体策略是一个建立在大学英语教师对其教学实践活动经验不断反思认知的基础上而产生的一种个性化的教学逻辑,是教学方法理论与具体教学情境的结合。大学英语教师的教学逻辑具有明显的个性化和主观能动性,因此有研究者认为大学英语教师的教学方法是一种具有个人教学逻辑的理性展现,是大学英语教师对教学活动的内在逻辑的认知和把握,是大学英语教师通过一定的教学工具或者手段,来实现对预期教学价值的逻辑思维方式。教学理性的发展水平对大学英语教师教学实施

第七章 翻转课堂模式下大学英语教师的能力与素质提升

的水平和内在品质有着重要的影响,也有助于大学英语教师主动性教学习惯和教学实践能力。

教学方式、方法和策略的具体实施都不可能忽视外在的客观条件对于其有效性的影响。师生空间关系、人际关系、课堂管理等方面都需要做出相应的教学对策,因此课堂组织管理方式和网络多媒体的使用也被纳入教学研究的范畴内。这对于大学英语教师的教学设计和差异化教学能力提出了更高的要求。面对水平参差不齐的学生,大学英语教师需要运用合理的教学理念和教学逻辑进行应对,因此各种教学模式和教学策略不断涌现。新的教学理念开始从实践的层面对传统的教学实践方式产生冲击。以学生学习为主的教学理念在科学技术的支撑下慢慢从理念层面走入到具体的实践活动中,在提升学生学习参与度、改变大学英语教师角色、提高教学活动有效性等方面发挥优势,并能够在一定程度上解决教学和学生水平差异的问题。

随着时代和科技的发展,越来越多的学生开始不满足于以基础知识为主的课堂教学,并对脱离其专业学习的教学内容提出了质疑。拿大学英语教学来说,学生专业的多样性也会对具体教学实践产生不容忽视的影响。大学英语个性化教学就提倡以英语作为语言工具,在履行通识教育职责的过程中也不能忽视不同专业学生的专业发展需求。

英语教学和其他学科专业相结合的大学英语教学模式对于提升学生的跨文化交际能力、本专业素养、获得更多的专业学习机会都有裨益。然而,这一教学模式在具体实施中很大程度上会受制于师资水平,这并不是说大学英语教师的专业能力和教学水平,而是指大学英语教师的专业结构。在我国,绝大多数的大学英语教师都具有语言类专业背景,而相对来说大多数其他专业大学英语教师的英语水平又不能达到英语授课基本要求。即便是英语专业出身的大学英语教师在教学中也面临着一些两难情境。

大学英语教学既然是以语言交际能力作为教学目标,那么在教学方式和策略上理应以英语为主要教学语言,但是实际情况却比理论上要复杂得多。有研究者通过实证研究发现大学英语教师的母语使用量比较高。由于课堂教学时间的有限性,因此母语使用量的增加意味着英语使用量的减少。母语量的增加和英语使用量的减少对学生英语学习效果是一个双倍的影响。而大学英语教师母语使用频率的高低与大学英语教师所受到的教学理论学习时间和教龄没有相关性。研究发现,师生对于大学英语课堂汉语的使用有两种表现：一方面支持英语的高频率使用，另一方面又由于学生水平差异、课时限制、课程类别特征（如抽象知识较多的阅读、写作等课程）等原因造成在具体教学方式和策略上的汉语依赖。对于大学英语教师具体教学活动的研究，集中于大学英语教师对于具体教学方法、原则等方面的使用以及客观条件的限制，而对于大学英语教师依据具体教学情境对各种语言教学方法的个性化使用关注度较低。

二、英语教师专业发展之教学互动

具有实践取向的社会学家更多从人类行为的具体实行、实施方式出发来对行动进行理解。而互动研究从人们的面对面互动交流入手，对引起人们互动以及对互动过程产生影响的主观因素予以关注。符号互动论属于微观层面的社会学研究，倾向于将社会结构归为个体成员间相互理解和行动的结果，关注人际交往过程中人对客体进行主观赋予意义及做出的反应。

符号互动论（Symbolic interactionism）又被译为象征互动论。符号作为该理论的核心概念，一般指一切能够表征意义且被社会成员所公认的事物，如语言、物品、场景等。符号互动论的思想一般认为是源自实用主义思想中对于符号重要性的关注。

人的理智反应表现在对环境中客体的符号化表征以及针对客体设计并筛选方案的能力，冲动和理智的互动产生了"心灵"。"心灵"是个体产生"自我"观念的重要条件。人的主我（自然我）和客我（社会我）在不断的冲突调整中对立统一于"自我"。"自我"与"他人"的互动产生了"社会"，而"他人"既可以指个体，也可以是集体。米德的概念中社会是一个由人所创造并且应用的符号总和，"自我"与"他人"互动中所产生的主要是符号，如语言、制度、规则等。米德的观点中社会这一概念的引入，使学者们对于符号互动论中主体性的思考变得客观，变得可以观察验证。

真正明确提出符号互动论的是米德的学生赫尔伯特·布鲁默（Herbert Blumer）。赫尔伯特·布鲁默在1986年出版的《符号互动论》中认为人们对于意义的理解，对行动的设计都依赖于符号才能完成。由于人们在社会互动中不断反思行为的存在，这就造成个体对于固定客体

第七章　翻转课堂模式下大学英语教师的能力与素质提升

的认识会随着情境或"自我"的变化而变化,因此符号的具体互动方式也处于动态发展中。然而,一旦多个个体对于某个符号的赋意和理解达到一个相对稳定的状态,符号的意义也就会固定下来,人们在社会互动中对于该符号的认知也会处于一个相对一致的稳定状态,如社会规则、秩序等。

在符号互动论的影响下,有一批学者对该理论进行了颇有意义的发展和实践。首先欧文·戈夫曼(Erving Goffman)用戏剧来对人类互动过程进行描述和解释。在《日常生活的自我呈现》中,欧文·戈夫曼提出了人际互动中的表演框架和印象管理两个概念类别。表演框架是人们在交往中所遵循的互动规范,受到社会成员的认可,因而对于行动个体具有参照作用。印象管理是一种交往互动策略,指在人际交往中为了在他人心目中塑造自己的角色形象而采取的一系列行为方式。

由于在欧文·戈夫曼的研究中,剧本期望、剧情、剧本、面具、表演等词汇被用来以隐喻的方式描绘人们的交往互动过程,因此欧文·戈夫曼的研究又被称为拟剧理论。互动双方能够达成一致的意义建构是行动的前提条件。达成一致的过程中协商是其中的一个方式。协商是行动者决策的过程,其本质是在情境中通过互动达成共识和共同意义的建构,是互动的一种形式。对行动的分析要结合情境对行动者的意义进行解释。行动者在情境中通过互动形成的共识和共同意义是暂时的,因此应该以动态的视角来看待协商互动过程,协商本质上是行动者在互动过程中不断尝试重新达成认识和意义的共识的过程。基于此,本部分认为从理论和已有研究层面来看,互动能够以一个更加基础性的视角对协商进行解释。

大卫·哈格里夫斯(David Hargreaves)则在符号互动论的理论视角下,对教学中的师生互动和师生关系进行了深入的研究。哈格里夫斯在 Interpersonal Relations and Education 中以符号互动论为理论依据,首先对人际理解(perceiving people)进行了深入的分析,并以筛选(selector)作为核心概念建立了一个完整的人际理解框架。然后哈格里夫斯在此框架下从角色、互动和团体三个角度对教育中师生间的人际互动进行了详细的分析。哈格里夫斯的研究对于符号互动论在教育教学中的研究非常具有启发意义,特别是他对于纪律以及大学英语教师和学生团体之间关系的研究。他认为,大学英语教师对"群体动态"(group dynamics)进行了解并进行分析是每一位大学英语教师应该掌握的能力,这有助于大学英语教师以班级为单位分组来理解学生团体,也有助于提升大学英语教师对学生团体中个体的敏感性。在哈格里夫斯看来,学生的理解能力是大学英语教师教育中应该格外引起重视的部分。

皮埃尔·布迪厄认为学校的制度化教育是一种文化再制,其中充满了符号暴力(又译作象征暴力)。学校的教学行动借文化专制而强制实行,使专制权力得以完成。教学权威作为符号暴力,是教学行动得以完成的重要条件。在教育系统内,行动者通过学校教育的不同场域在大学英语教师教学、课程制定等方面深入阶级文化符号,教育行动者在有意无意之间充当了符号暴力的执行者。布迪厄的文化再制造理论也透露着符号互动论的思想,当然符号暴力给我们的启示也不尽然全是令人悲伤的方面。相反,这恰恰提醒我们,在整个教育系统中,大学英语教师具有如此重要的作用。

学校的符号权威要通过大学英语教师才能得以传达给学生,而学生的反应则真切地反映在大学英语教师面前。学校变革、教育变革以及教育成败都由大学英语教师的实际工作所决定。因此,如果大学英语教师秉承的文化符号理念有益于学生发展,那么应该将教学权赋予大学英语教师。伯恩斯坦的符码理论从本质上也属于文化再制造理论的发展。伯恩斯坦认为分配规则、评价规则和再语境化规则构成了教育机制。评价规则对学校教学内容作出了限定,然后再语境化规则将知识生产者的知识搬入课堂中成为教学符号,再由大学英语教师对知识内容做出分配。

整个教学机制内部充满着权力的影子。在教育机制中,大学英语教师应该有机会和学生一起成为知识的生产者,但是由于教学话语权不完全掌握在大学英语教师手中,使得大学英语教师只能遵守规约性话语的要求来组织教导性话语。教学话语权的丧失意味着大学英语教师教学权的丧失。目前这种情况在我国中小学教学中比较明显。大学英语教师由于存在科研工作者角色,因此教学自主权相对中小学英语教师大一些。但是由于大学英语教师个体教学信念的差异,以及学科教学上的差异,大学英语教师也会主动或被动地放弃教学自主权力。

兰德尔·柯林斯是美国当代著名的社会学家,《互动仪式链》是其在多年研究的积累上推出的一部理论著作。正如其书名所表达,"互动仪式链"是柯林斯在相关社会学理论的前人研究基础上所提出的理论。在该理论中,柯林斯在涂尔干(Emile Durkheim)和戈夫曼的相关仪式

第七章　翻转课堂模式下大学英语教师的能力与素质提升

理论的基础上提出了这一试图将微观社会学和宏观社会学相联系的理论。柯林斯微观社会学的研究以情境作为研究的出发点,对由微观现象所构成的宏观过程进行研究。柯林斯的互动仪式链理论关注微观情境中经由个体而形成的际遇,关注在情境中的人的互动,进而对其在不断的互动过程中所形成的社会关联或者网络进行研究。在教学活动中,师生间的面对面互动构成了教学活动中的一个个微观情境,大学英语教师作为能动的个体,对其在情境中的教学行动进行研究,有助于我们对大学英语教师在教学中的行动方式以及师生关系建构进行理解。

对于"互动仪式链"理论的发展应该从社会学家对于"仪式"的理解入手。自涂尔干开始,社会学对于仪式的研究就一直非常重视。涂尔干最初在对宗教活动进行研究后,提出了宗教具有观念整合作用。在宗教活动中,仪式作为一种行为规则规定个体在神圣对象面前的行为表现,并体现出业已形成的神圣符号或者神圣物作为一种价值体系对个体的精神心灵层面的统整作用。由于这些神圣物的存在,才对个体的行动起到了一定的制约作用,并通过赋予这些神圣物以符号意义而形成集体团结和身份认同。共有的行动意识和共有的情感是强化共有体验的机制,被群体共同关注的东西形成了群体符号,而符号所具有的意义则是被仪式所赋予。

仪式的本质并不是仅仅对既有神圣物的崇拜,同时也在对神圣物进行着塑造和意义的强化。戈夫曼将涂尔干对宗教仪式活动的研究理念延伸到日常生活情境,并提出了"互动仪式"的概念。互动仪式主要包含四种构成要素或者条件:两个或两个以上的人共同在场,对局外人设定界限,有共同关注的焦点,共享共同的情绪或者情感体验。互动仪式中的各要素之间相互影响,共同的关注焦点和共享的情感体验加深了互动中个体间对于彼此行动的关注。互动仪式会加深参与成员的集体团结和身份认同感,增加成员的情感能量,增加成员在行动中的自信和能动性,有助于形成群体共有的意义符号。

自马克思·韦伯以来,对行动的研究都关注于理性层面,对马克思·韦伯在四种行动类型的划分中的"情感行动"一项的关注不多。兰德尔·柯林斯的互动仪式链则认为情感连带对行动者之间的协同行动至关重要。情感连带能形成共同意义符号,加深并延长行动之间的共同意义建构。这是对马克思·韦伯情感行动的一个重要回应。大学英语教师通过自身教学行动增加学生对于学习的投入度并引起其积极情感和情绪的共享,可以有效增加学生对于学习活动的认同感,有助于师生之间良好关系的形成。教学行动作为一项复杂的连续性社会行动,应从由一个个微观情境所构成的具有连续性的情境的角度来对其进行研究。因此柯林斯的互动仪式链理论为我们对大学英语教师的教学行动提供了一个有效的理论分析框架,有助于我们从课堂的连续活动中对大学英语教师的教学行动有一个相对完整的理解和解释。

从前面对于仪式和互动仪式的理论发展进行梳理中可以清楚地发现,无论是涂尔干从宗教生活的角度对仪式的论述还是戈夫曼从日常生活互动中对仪式的理解,都停留在一个较为微观的层面,且强调既有仪式对于个体的规范作用。当然戈夫曼相对来说要比涂尔干更加关注仪式产生的历史脉络,以及互动对于仪式形成、发展所起到的作用。但是柯林斯认为,互动仪式理论是一种社会动力学理论。在社会活动中,个体总是处于从一个情境到另一个情境的不断变动过程中,在这个过程中互动仪式随着情境的转变以及人们感受和想法的变化也在发生着强度高低的变化。

我国学者对于符号互动论在教学中的应用也投入了极高的兴趣,虽然数量上较少,但是也有一些有价值的研究成果。

张遐、朱志勇(2018)从社会学符号互动论和建构论的视角,采用质性研究的方法对大学英语教师角色认同建构进行了个案研究。

李文跃(2013)从符号互动论的视角对课堂教学中教学符号的互动进行了探析。

张俭民、董泽芳(2014)从米德的符号互动视角出发对大学师生课堂互动关系进行了探讨,认为课堂中师生互动关系应该从控制走向建构,从冲突走向和谐。

从以上研究可以看出,目前我国对于符号互动理论的研究基本上处于理论探索阶段。虽然目前已经有学者开始用符号互动论作为理论基础对教学进行有意义的实证研究,但是从总量上看仍然很少。

对于社会研究来说,符号互动论首先肯定了情境在社会研究中的重要性,之后将其作为一种研究方法和认识论。因此,柯林斯认为,作为一种社会动力学理论,互动仪式的分析起点应该是实际存在的情境。从情境对个体的塑造层面来对情境在不断变化中赋予个体情感和意义符号进行研究。互动仪式、共同关注和情感能量是该理论的三个基本要素。各种具有连续状态的微观情境在时空中相互依存不断展开,形成具有宏

第七章 翻转课堂模式下大学英语教师的能力与素质提升

观状态的情境,这是各种情境相互联系的方式,也即"动力因"。

柯林斯将局部相关联的微观情境及其相互连接的动力机制称之为"互动仪式链",其中起到重要中介作用的是群体成员间的共享符号、身份认同、情感能量。柯林斯认为这些是使仪式结构在"链条"上可以持续发展的资本。教学互动、师生关系是动态的相互作用关系,大学英语教师与学生在对共同的学习活动所进行的资本共享符号和情感能量的投入,有助于在师生交往互动中形成良好的关系,促进共同关注焦点的形成和情感能量的积累并能保证教学目标的有效完成、实现共同发展。

教学活动中,大学英语教师和学生天然处于不同的角色地位,这是由大学英语教师自身所具有的专业资本和生活经验所致。由于师生互动属于异质性互动过程,因此大学英语教师所秉承的教育教学理念对其教学行动有一定的影响。一位秉承学习型理念的大学英语教师势必关注师生间的角色关系建构、师生共同关注的内容和情感的积累。大学英语教师也会在教学情境的不断发展变化中调整其行动方式,形成教学中的仪式链。

互动仪式链理论强调微观互动情境在社会学研究中的基础性作用,并提示我们要在一个连续的时间中对于互动仪式中的相关影响因素进行关注。教学行动作为连续教学情境中的社会行动非常适合使用互动仪式链的理论来对教学中大学英语教师的教学行动方式进行研究,并能够解释大学英语教师在教学互动中对于共同情感积累、共同学习关注等方面的行动。大学英语教师在教学活动中根据其专业知识和生活经验均扮演主导角色。大学英语教师在教学中的社会行动有助于引导学生关注学习互动,形成良好的学习身份认同以及情感积累,这是教学活动顺利进行的重要保障。因此,互动仪式链理论可以为研究大学英语教师的教学行动提供一个动态的理解框架,有助于对教学行动形成较为全面的认知。

三、英语教师专业发展之教学反思

正如阿尔弗雷德·许茨(Alfred Schutz)在《社会世界的意义建构》中所阐述的,如果行动只是朝向行动对象,这将是没有意义的行动。只有在反思中将行动所获得的知识转变为经验,行动才会变得有意义。反思性不仅仅是一种属性,还是行动的内容。反思不论是从个人层面还是行动的模式化层面，都是对已经发生的事件进行检视的过程和结果。对于大学英语教师的专业能力，一般有两种认知倾向和争论。一种认为大学英语教师在教学专业活动中是"技术熟练者"，另一种则认为他们是"反思性实践者"。对大学英语教师专业属性的明确定义以及相对应的专业角色的定位，对大学英语教师专业发展有重要意义。

大学英语教师专业发展一直是教学研究中的关注点，但是从相关的研究具体内容来看，研究的侧重点基本上都在探讨大学英语教师某种教学素养和能力的养成。大学英语教师的自我反思是大学英语教师作为专业教学人员所应该具备的一项重要能力。大学英语教师通过对从不同教学情境中所获得的经验进行反思，可以有效地促进大学英语教师的自我发展。有效的专业反思需要大学英语教师深入理解反思性教学的实际内涵，对于大学英语教师来说，反思应该是由一系列的批判性思维活动所构成的循环，不断地通过反思来指导教学实践，这样有助于大学英语教师成为自身教学活动的评估者。大学英语教师对于教学现场的实践经验的学习以及对各种资源的利用能力对大学英语教师的反思性教学能力发展有重要影响。行动学习是指大学英语教师在教学行动中通过对教学现场的理解并结合自身经验而进行决策的能力，与大学英语教师专业能力发展息息相关。行动学习作为大学英语教师现场式学习的一种有效途径，可以有效促进大学英语教师的多维专业能力发展，提高大学英语教师的批判性教学反思能力。

大学英语教师的教学事件无论是其实际的教学决策还是反思能力，都与大学英语教师对于与教学资源进行利用有关。大学英语教师与各种教学资源之间的关系，被很多研究者认为是一种互动式的关系方式，大学英语教师既利用已有资源进行教学，同时也是教学资源的创造者。这种互动式的大学英语教师与资源之间的关系对大学英语教师在教学实践中的能力发展，特别是教学设计能力具有重要的影响。从概念表面上看，这种理念与吉登斯的结构化理论有了呼应，但似乎还是有将资源作为独立于大学英语教师之外的某种客观性的存在，并特别关注大学英语教师与这种客观资源之间的互动关系模式。也有研究者将大学英语教师自身作为资源来对大学英语教师与教学资源之间的关系进行深入理解，并从更加注重大学英语教师教学能动性的角度来对大学英语教师专业发展进行研究。英语作为重要的国际信息载体，已成为各个英语为非母语国家的教育战略重点。

第七章　翻转课堂模式下大学英语教师的能力与素质提升

以自身为资源体现了大学英语教师注重自主专业意识、教学、科研、实践等方面的自主反思、自我规划、自我评估的专业发展模式。

对于沟通行动在教学活动中的作用,有学者认为沟通行动有助于多元共生教学思维模式的形成,并促进新型英语教学方式。也有研究者认为权力的赋予有助于加强对大学英语教师个体层面的关注,有助于大学英语教师在教学行动中生成专业认同,形成专业共同体,促进教学行动和大学英语教师专业发展。

在教学活动中,行动者并非只有大学英语教师,但是教学活动中大学英语教师的主导作用及其教学权力决定了大学英语教师是教学行动中的行动者。以大学英语教师作为出发点来对教学行动及其相关要素之间的关系进行实证研究,并尝试理解大学英语教师的教学行动,对于教学研究有重要的实践意义。

王乐(2002)通过课堂观察和课后采访的方式对3位大学英语教师的课后反思情况进行了调查。结果显示,目前大学英语教师的教育理论与行动理论之间还存在较大脱节,教育理论的掌握如果没有行动理论的支撑,则会大大影响教学效果。当然,该研究并不是一个规范的质性研究,其研究结果的有效性值得商榷,但是该研究为我们提供了一个从行动来对教学进行研究的视角。大学英语教师的教学行动引导学生的学习行动,进而形成互动。而大学英语教师作为行动主体所拥有的符号资源,以及作为行动者的利益偏向,目的理性行动都是大学英语教师教学权力的来源以及教学行动可利用的资源。

从社会属性来看,课堂教学中的社会行为可分为控制与服从、对抗与磋商、竞争与合作三个大类。有效的教学行动策略对于教学活动的有效性起到重要的作用,虽然我国英语课程改革在教学上已经取得了一定的成就,但是大学英语教师的教学习性对于教学行动策略有着重要的影响,教学习性是大学英语教师理解课改并生成教学实践行动的内在依据。在我国英语教学改革的不断推进过程中,仅仅注重形式上的教学行动改革是远远不够的,要改变大学英语教师的已有教学习性,并使大学英语教师的教学主体自觉性不断发展,需要我们对大学英语教师的教学观念和价值观进行深入的研究和探索。

教育教学改革的成败关键在于大学英语教师的教育教学理念,因此大学英语教师的专业发展应该注重教育教学理念的形成和发展。大学英语教师教学理念的形成,在很多研究者看来不仅与其知识有一定关系,而且受工作中的同事、同伴的影响。因此,有研究者认为除了应注重对大学英语教师自身的反思性教学能力以外,从大学英语教师团体的角度来对大学英语教师在与同事协作过程中的专业发展进行研究,也具有一定的实践意义。作为大学英语教师队伍中特点鲜明、规模庞大的群体,同伴互助更有利于大学英语教师群体间的协作与反思。由于多方面的原因,大学英语教师中女性大学英语教师的数量比例一直较高。这个现象的形成原因较为复杂,因此我们更应该将研究关注点投入到对这一特殊群体在现实情境中的专业发展上,而不是仅仅去讨论其形成原因。女大学英语教师的多重社会角色需要我们对其职业生涯发展的影响因素进行进一步的人类学、社会心理学方面的探讨,这有助于我们深入了解女大学英语教师群体的专业发展和职业规划特点,并对其职业处境投入人文关怀。女大学英语教师的多重社会角色对其职业规划和专业发展具有重要影响,客观公正的大学英语教师专业发展管理和政策制定有赖于对这部分群体的深入研究。

除了大学英语教师群体中的性别因素外,大学英语教师专业发展方面的研究也对新手大学英语教师这一群体投入了较多的关注。作为教学一线的新生力量,新手大学英语教师带着新时代的教学观、教学价值观等新观念进入到大学英语教师群体中,在很大程度上对大学英语教师的专业发展、提高教学质量、推进教学改革起到相对重要的影响。

第三节 大学英语教师翻转课堂教学能力提升的路径

一、提升能动性教学能力

当前背景下,大学英语教师的能动性不仅关系英语教学质量,更关系学生的综合素养培养,要想提升大学英语教师的能动性,需要教师个人、学校和社会多方面的努力。在当前背景下,提高大学英语教师的能动性至关重要。要提高教师的能动性,应该从个人、学校和社会三个方面入手。

第七章　翻转课堂模式下大学英语教师的能力与素质提升

（一）个人层面

（1）持续学习和提升自己的教育水平。英语教师应该不断学习新的知识和技能，了解最新的教育理论和教学方法，参加各种培训和研讨会，提高自己的教育水平和专业素养，以更好地适应新的教育环境和需求。

（2）建立个人职业发展规划。英语教师应该根据自己的教育背景、专业技能、职业经验和个人兴趣爱好，制订个人职业发展规划和行动计划，明确自己的职业目标和发展路径，不断提升自己的能力和竞争力。

（3）保持积极的教育信念和态度。英语教师应该树立正确的教育观念，保持积极的教育信念和态度，坚持以学生为中心的教育理念，关注学生的全面发展和个性差异，注重培养学生的创新能力和终身学习能力。

（4）加强个人素质和心理建设。英语教师应该注重个人素质和心理建设，积极锻炼身体，保持健康的生活方式，发扬团队精神和协作精神，增强心理韧性和适应能力，提高自身的综合素质和应对能力。

（5）建立良好的职业形象和口碑。英语教师应该注重建立良好的职业形象和口碑，遵守职业道德规范，保持良好的职业操守和职业精神，与学生、家长、同事和社会建立良好的沟通和互动关系，塑造自己的良好形象和声誉，增强自己的影响力和可信度。

（二）学校层面

（1）制定鼓励创新的教学评价体系。教师的能动性不仅仅依赖于个人的教学创新能力，还受到学校教学评价体系的影响。学校应该制定多维度、灵活多样的教学评价标准，鼓励和认可教师的教学创新，并给予相应的教学荣誉和奖励。

（2）提供高质量的教学资源。高质量的教学资源可以为教师创造更多的教学机会和方法，提高教学效果和学生学习兴趣。学校应该积极引进新的教学资源和技术，如网络教学、多媒体教学等，同时加强教育设施的建设、改善教育环境。

（3）建立教师团队合作机制。教师之间的团队合作可以促进教学经验和资源的共享，提高教学质量和效率。学校应该鼓励教师之间建立合作机制，支持教师之间的教学互助和交流，定期组织教师分享教学经验和探讨教学问题的会议和研讨。

（4）提供职业发展培训机会。学校应该定期举办职业发展培训，帮助教师提升教学能力和专业技能。这不仅可以提高教师的教学质量，还可以增强教师的职业发展信心和动力。

（5）建立灵活的管理机制。学校应该建立灵活、开放的管理机制，支持教师的教学创新和实践。学校管理层应该积极响应教师的反馈和建议，及时调整和改进教学管理政策和措施。

（6）提供改革支持和帮助。学校和领导应该为教师提供改革所需的支持和帮助，包括提供必要的培训、教学资源和技术支持。学校和领导还应该积极地倾听教师的声音和建议，以便更好地了解教师在改革中的需求和困难，并根据情况采取相应的措施，为教师提供更好的支持和帮助。

（三）社会层面

（1）加强教育投入和政策支持。政府可以加大对英语教育的投入力度，提高教师的待遇和福利，为教师提供更好的教育资源和教学条件。同时，政府可以出台相应的政策和规定，鼓励和支持英语教师的创新和实践，为其发挥能动性提供制度保障。

（2）提高英语教育的社会认可度。社会应该加强对英语教育的重视和支持，鼓励学生和家长更加重视英语学习，并提高英语教师的社会地位和价值认同。这样可以激发英语教师的积极性和主动性，提高其工作热情和教学效果。

（3）加强与外界的联系和交流。大学英语教师应该积极参加各种教学研讨和交流活动，与同行、教育专家和学者进行交流和学习。同时，可以与其他学科的教师进行跨学科合作和交流，开展跨学科教学，提高英语教师的综合素质和能动性。此外，学校可以鼓励英语教师参加国际性学术会议和培训活动，提高其国际化教育视野和教学水平。

（4）创造良好的工作氛围和文化。学校应该营造一种积极向上、互相尊重和信任的工作氛围，鼓励教师进行教学创新和实践。同时，可以建立相应的评价机制，给予英语教师充分的肯定和鼓励。通过建设良好的教师文化,可以提高英语教师的工作满意度和工作热情,激发其能动性和创造力。

（5）推动教育体制改革。教育体制改革是课程改革的基础和保障。教育部门和政府应该制定相应的政策,鼓励学校和教师积极参与课程改革,提高教师的待遇和社会地位,改善教育环境和资源配置,促进教育公平和质量提升。同时,还应该建立科学、有效的评价体系,不断完善教育管理和监督机制,保证课程改革的顺利实施和可持续发展。

总之,要想充分发挥教师的能动性,推进课程改革,需要教师、个人、学校和社会的多方面入手,只有这样,才能有效地激发教师的积极性和创造力,推进课程改革的可持续发展。

二、提升个性化教学能力

（一）提升专业知识

教育的改革与落实,离不开教师这个中坚力量。教育个性化的改革趋势需要教师具备个性化教学素养,而个性化教学知识是教师个性化教学素养的基础。教师落实和实施个性化教学首先要对个性化教学有一定了解,明确个性化教学的理论,深悉个性化教学理念,形成对个性化教学的系统认知。而在本书的调查研究中发现,教师在个性化教学知识方面得分率较低,表明教师对个性化教学知识的掌握水平不高,因此应提高教师的个性化教学知识水平。

提升教师个性化教学专业知识,关键在于加强教师个性化教学的相关培训。学校可以采用邀请专家讲座、组织教师进修以及进行教研活动等方式,促进教师对个性化教学理论的学习,提高教师的专业知识水平。但值得注意的是,对教师理论知识的培训,要着重关注培训的效果,让教师真正地掌握个性化教学的理念与相关理论,从而促进教师知识水平的真实提升。同时,学校还可以组织一些实践类相关的竞赛,如个性化教学技能大赛等,使教师将所学习的个性化教学理论应用到实践中去。这样做既可以使教师在教学实践中深化对个性化教学理论的理解,又可以查漏补缺并学习其他教师的优秀经验。除此之外,教师也应该通过终身学习,提高自己的个性化教学知识水平。教师应树立终身学习的理念,面对个性化教育的推行,教师要积极地阅读有关个性化教学理论的书籍、论文等学习类读物,结合自身的理解,形成对个性化教学的系统认识,并将学习到的个性化教学知识与教学实践相结合,不断地反思与思考,对个性化教学形成自身的独特见解。

(二)关注教师差异

不同类型的教师在个性化教学素养各维度具有一定的差异。因此,在进行教师相关培训时,应关注到不同类型教师之间的差异情况,并针对不同类型教师的薄弱之处进行有针对性的培训。根据调查,不同性别教师个性化教学素养有显著差异。具体分析发现,女教师的个性化教学知识水平优于男教师,男教师的个性化教学技能与个性化教学情感水平优于女教师,那么在进行相关培训时,男教师应着重培训其对个性化教学理论方面的学习,而女教师则应着重培训其个性化教学技能等方面。

除此之外,应关注不同类型教师之间的差异,组织不同类型教师进行交流与学习,促进不同教师个性化教学素养优势互补。

首先,从学校或年级层面组织交流与学习。本书发现不同职称、不同教龄教师个性化教学知识水平存在显著差异,所以可以从学校层面或者年级层面,组织不同类型的教师进行有关个性化教学的交流、讨论与学习,促进不同类型教师之间的优势互补,进而提高每位教师的个性化教学素养水平。

其次,从班级层面组织交流与学习。在本书中,不同职位的教师个性化教学素养虽然没有显著差异,但是担任班主任的教师个性化教学素养水平高于未担任班主任的教师。因此,在一个班级中,教师可以组织小型交流会,请担任班主任的教师与未担任班主任的教师相互分享、讨论与学习,形成教师之间的合力,推进本班级个性化教学的实现。

(三)变革课堂形态

众所共知,课堂是教育教学的主要阵地,只有对课堂教学进行变革与更新,教育改革才不会成为空中楼阁。通过调查与分析发现,教师的课堂教学与个性化教学理念有一定的差距,特别是在课堂实施与课堂评价环节,主要还是教师主导。在强调以学生为中心、关注学生差异、促进

第七章　翻转课堂模式下大学英语教师的能力与素质提升

学生个性发展的背景下，课堂教学形态应有三大转变。

一是从重"怎么教"向重"教什么"进行转变。教师要时刻铭记学生是学习的主体，教师的教是为了学生更好地学。因此，教师教学不应着重于教学技术，而应该着重于教学内容的选择。每位学生的学习需求是不同的，因此教师应基于学生的需求、特征等方面选择、修订与整合优质的教学资源，从而促进学生个性化学习。

二是从重"教的活动"向重"学的活动"进行转变。虽然我国进行教育改革多年，但是我国的课堂教学仍以"教"为主，教师在其中仍占主导地位。因此，教师要改变传统的、惯性的教学观念，坚持以学生为中心的教学过程，充分发挥学生的自主性，实现从教案走向学案、教法走向学法、教评走向学评的转变。

三是从重"教学"向重"育人"进行转变。教育的本质决定了育人比教书更为重要，特别是在新的时代背景之下。知识是易变的、易淘汰的以及不稳定的，而人的个性、能力素质等是不易变与稳定的。在教学过程中，教学不应只注重知识的传授，还应重视学生的个性发展。应发挥评价的教育与发展功能，改进评价方式、内容与标准，倡导学生自我评价，满足学生发展的需要。

（四）促进素养落地

教师个性化教学素养对课堂教学有一定的积极影响，因此应采取一定的措施促进教师个性化教学素养落地，从而实现个性化教学。

一方面，从教师自身来说，教师应该积极主动地将其自身教学素养融入教学行为中。本书通过对教师个性化教学素养对课堂教学影响的具体分析发现：个性化教学知识水平越高的教师，其课堂教学设计环节越个性化；个性化教学技能水平越高的教师，其课堂教学越个性化；个性化教学情意水平越高的教师其课堂教学评价环节越个性化。因此，首先，教师要转变以往传统教学的理念，接受与认同个性化教学理念。其次，教师要通过不断的学习与实践提高自身的个性化教学知识与个性化教学技能，进而提高自身的个性化教学素养。最后，教师要积极主动地将个性化教学素养融入教学实践中，改变以往传统的教学模式，培养学生的自主性与主动性，把课堂还给学生。

另一方面，从学校来说，学校应为教师个性化教学提供软硬环境的保障。从软环境来看,关键是领导者的教育理念。作为领导者要有开阔的眼光,紧跟教育改革的趋势。当前教育改革要求关注学生的个性与差异,为每名学生提供合适的教育,学校领导者应意识到个性化教学的重要性和必要性。领导者的理念与政策对教师具有重要的指引作用,只有领导者提倡个性化教学,教师才能有动力、有激情地进行个性化教学,促使其个性化教学落实到课堂教学中。从硬环境来看,主要是教学设备和教学资源等方面。要想促进教师个性化教学落地,学校应创设良好的外部环境,特别是信息技术的支持与教学资源的支持。在大班额、教育同质化的背景下,个性化教学实施对教师来说有一定的困难与压力。但是,信息技术的支持可以使个性化教学成为可能。另外,虽然教师有一定的个性化教学素养,但是其在实施时可能会感到迷茫与无措,所以教学资源的支持显得尤为重要。如果可以通过线上线下建立个性化教学资源库,为教师提供个性化教学所需的资源,在教师有需求时能够得到及时帮助,就能有效促进其个性化教学的落地。

第八章　翻转课堂模式下大学英语教学的方法

21世纪初以来，我国大学英语课程历经多次改革，教材、教学方法不断得到丰富，教学设备随着科技的进步、经济的发展不断升级优化，我们追求的目标、方法也逐渐多元化。因此，创新教学方法符合当今时代对英语人才的要求。在翻转课堂模式下，大学英语教学也应该转变教学思路，采用科学的教学方法展开教学，如 TBLT 教学法、PBL 教学法、OBE 教学法、POA 教学法等。本章就对这些教学法展开分析。

第一节 翻转课堂模式下的大学英语任务教学法(TBLT)

一、任务教学法(TBLT)概述

(一)任务的定义

任务型教学法中的"任务",在不同的专业领域、不同的学科对应着不同的含义。

"在语言教学领域,任务型教学法(也称任务驱动教学法或 TBLT)被定义为一种基于任务或以任务为基础的语言教学途径。它要求学生在日常生活和工作做各种各样事情的过程中学习语言和使用语言,所谓'在做中学,在用中学'。"[①]很显然,任务型教学法提出的本来目的就是让学生加强日常生活中的语言交流和沟通,学习要贴近实际、贴近生活,要有真实的、可操作的"任务"。其后在教学发展中,学者们对"任务"的研究不断深入,并主要从以下三个方面对任务的定义作了诠释。

首先,"任务是为了做成某件事情用外语进行的有明确目的的活动。意义是第一位的。"[②]任务不是机械的、重复的、毫无意义的练习。它是有目的、有目标的。任务的设置或完成都是有明确意义的,能提高学生的学习能力或是促进教师的专业发展。

其次,"任务是有头有尾、完整的交际活动。衡量一个人任务是否完成,要看有没有一个结果"[③]。任务不光是有目标、有意义的,它还要有一个完整的过程以及不同结果。这种结果可以是具体的,也可以是抽象的。因此,任务完成后的成果展示也非常重要。同学们可以通过最后的成果交流反馈,查漏补缺。这也是学习非常重要的一环。

---

① 程晓堂. 任务型语言教学[M]. 北京:高等教育出版社,2004.
② 龚亚夫,罗少茜. 任务型语言教学[M]. 北京:人民教育出版社,2003.
③ 龚亚夫,罗少茜. 任务型语言教学[M]. 北京:人民教育出版社,2003.

第八章　翻转课堂模式下大学英语教学的方法

最后,"任务是学习者使用目的语来理解表达、相互交流、解决问题、发挥创造的课堂教学活动"[①]。任务的设置除了要有明确的意义和完整的过程之外,还要注意任务的实践性。任务设置的最终目的要落实到学生身上,使学生在完成任务的过程中提升能力。

(二)任务教学法的定义

目前学界对语言教学中"任务"的定义存在不同的见解。

较早阐述"任务"定义的是 Richard(1985)。他将任务定义为一个特殊的行动或事件,用以处理和理解语言,如短跑运动员听到枪声开始起跑、钢琴家听着音乐谱出悦耳的音符、教师根据教材写出教案等。以此为基础,他将教学中的任务定义为一种旨在提高学生习得目的语水平的特殊活动。Willis(1996)[②]认为任务的实施过程分为任务前、任务中和任务后三个阶段,并提出三个阶段的任务侧重点是有所不同的。Ellis(2003)[③]认为设置任务应从帮助学生完成交际目的的角度出发,语言的意义功能是任务的重点,而非形式。Nunan(1989)[④]将任务分为两类,即真实世界任务和教学任务。他认为在现实生活中发生频率高的任务是学生应该掌握的主要任务;单纯为了教学设置的任务在一定程度上虽然也能帮助学生快速习得目的语,但设置的任务也应尽量接近现实生活。

上述观点对语言教学中"任务"的界定侧重点有所不同,但对其在语言教学中的重要地位和作用的认同已达成共识。

综上所述,在语言教学中,"任务"是教师在课堂上设置的,旨在提高学生言语交际能力的活动。同时,大部分学者强调在"任务"的实施过程中,应遵循"以学生为主体"的原则,强调"学生本位"的理念,赋予学生更多的自由和发言权,最大程度发挥"任务"的功能和优势,使学生

---

① 龚亚夫,罗少茜. 任务型语言教学[M]. 北京:人民教育出版社,2003.
② Willis J. A Framework for Task-Based Learning[M]. London:Longman, 1996.
③ Ellis R. Task-based Language Learning and Teaching[M].Oxford: Oxford University Press,2003.
④ Nunan D. The Learner-centered Curriculum:A Study in Second Language Teaching[M]. Shanghai:Shanghai Foreign Language Education Press,2005.

在"边做边学"的过程中掌握语言知识，提升其语言理解和表达能力。

(三)任务型教学法的教学原则

1. 真实性原则

真实性主要是指语言教学中的任务活动应力求与现实生活相契合，设计任务时应尽量创设贴近现实生活的真实情境。教师从学生的英语水平和需求出发，结合实际教学环境设计出接近现实生活中的交际活动的任务，让学生在完成任务的过程中掌握语言知识，促使其尽可能多地接触生活中真实的语言，在筛选任务素材时，教师要重视与学生学习和生活密切相关的语言材料，如此以真实性为前提的教学才能够清晰地区分语言的形态与功能，使学生在完成课堂任务的同时充分体会语言形式与功能之间的联系，进而提升学生综合运用语言的能力。

2. 连贯性原则

连贯性主要是指语言教学中的各项任务之间要呈现从易到难的阶梯状上升趋势。教师在布置任务时要遵循由浅入深、由易到难的原则，前几个任务的难度不能太高，以帮助学生树立自信心，从而使其能够保持较高的积极性投入到后续的学习中，教师在布置之后几项任务时应逐渐增加任务的难度，并且任务之间逻辑关系要明确，任务的步骤与环节要连贯、流畅，同时还要注重教学内容间的衔接。任务型教学的连贯性主要体现为任务的连贯，各个任务之间是环环相扣、层层推进的关系，前一个任务是为后一个任务作铺垫的。任务的连贯性还表现为师生互动，在学生执行任务的过程中，教师担任引导者和监督者的角色，当学生遇到困难时，教师应积极帮助学生解决问题，从而保证任务完成的连贯性。任务型教学法倡导的连贯性原则，强调了教师设置的教学活动，必须根据学生已有的水平而定，否则就不利于任务的实施以及学生对新知的掌握。

3. 交际性原则

任务型教学法注重培养学生的语言交际能力，主张学生在完成课堂任务的过程中，通过互动、交流、小组合作的方式逐渐习得目的语，提高

第八章 翻转课堂模式下大学英语教学的方法

目的语的输入和输出频率,从而帮助学生获得语言知识,提升学生的语言理解和语言交际能力。因此,教师应注意任务的设置要为培养学生的语言交际能力服务,任务的难度要与学生实际的语言水平相适应,任务难度过高,会降低学生主动说英语的兴趣,不利于提升学生运用英语进行交际的能力;教师应多设置一些交际性任务和小组活动,如情景对话、角色扮演、辩论赛等,增强学生的课堂参与意识,促进师生、生生间的交流与互动,使学生在完成任务的过程中逐渐学会用英语表达自己的诉求,从而不断提高其语言交际能力;此外,在学生展示任务成果时,教师应遵循"意义优先"原则,给学生纠错时要适"度",以免打击学生学习英语的积极性和自信心。

二、翻转课堂模式下的大学英语任务教学法的策略

目前学界对于翻转课堂模式下的大学英语任务型教学法的实施步骤认可度最高的是威利斯(Willis)(1996)在其 *A Framework of Task-Based Learning* 中提出的三阶段模式,分别为任务前、任务中和任务后阶段。

(一)任务前阶段

任务前阶段是翻转课堂模式下的大学英语任务型课堂教学实施步骤的第一个环节,也是大学英语任务开展前的准备阶段。这一阶段教师可以从教学和情感两个维度引导学生完成任务执行前的准备工作。在翻转课堂模式下的大学英语教学方面,教师明确任务的主要内容,向学生介绍任务的大致流程和任务执行时需要注意的相关事项,激活学生头脑中的语言储备。在介绍任务要求时,教师可以通过播放视频、展示实物、展示图片等方式进行导入,以快速集中学生的注意力,使学生全身心地投入到英语的学习中;在情感方面,教师在上课前应充分备课,明确教学目标和教学重难点,并思考新知与学过的知识是否有联系。此外,备课的同时也要关注学生,了解每一个学生的英语水平和学习需求,最大程度激发学生学习英语的积极性,使学生能够积极地参与任务活动,减少部分学生抵触上课的情绪,如上课伊始,教师可以向学生进行简单的问候,或者播放舒缓的音乐和有趣的视频,减轻学生学习英语

紧张焦虑的心理,为学生创造一个轻松愉快的学习氛围,让学生能够全身心地参与教学活动。在整个教学活动中,任务前阶段是翻转课堂模式下的大学英语任务型教学课堂的基础部分,这关系着后续任务是否能够顺利开展。

(二)任务中阶段

任务中阶段是翻转课堂模式下的大学英语教学中学生执行任务的过程。在这一阶段,学生是课堂的中心,是任务执行的主体,教师主要起到引导和监督的作用,最大程度保证学生的主体地位。学生完成任务有很多途径,如小组合作、情景对话、探讨交流等。在学生执行任务的过程中,教师使用大量鼓励性的语言,并引导学生运用英语语言来完成任务,但不可过多干涉。由于学生水平有限,因此在任务执行过程中,应允许学生通过查字典、使用翻译软件解决疑难问题,针对学生解决不了的问题教师应及时作出解释、提供帮助。这样既保护了学生表达的兴趣,同时也能加强教师与学生之间的互动。此外,教师还要掌控好任务的时间,鼓励学生尽量自主完成任务。

(三)任务后阶段

任务后阶段是翻转课堂模式下的大学英语任务型教学法的最后一个环节,也是学生任务完成情况的总结反馈阶段。在这个阶段,首先,学生已经完成小组任务,教师可采用提问和小组汇报的方式来检验学生掌握知识的情况,从而把握学生完成任务的程度;其次,教师要结合学生实际情况,启发学生解决问题,归纳出学生错误率较高的方面并进行提示和纠正。然后,带领学生梳理本节课的知识内容、复习回顾教学重难点,进一步帮助学生巩固所学知识;最后,教师指导学生进行语言形式的操练,从而培养学生将语言知识和语言形式转化为言语交际的能力。

任务型教学法的实施步骤包括任务前、任务中和任务后三个阶段。在翻转课堂模式下的大学英语任务型课堂上,教师要把握好这三个环节,在实施过程中应注意三个阶段的前后贯通,层层递进,帮助学生掌握英语知识和英语技能,加强学生学习英语的兴趣,提升他们综合运用英语的能力。

第二节 翻转课堂模式下的大学英语项目教学法(PBL)

一、项目教学法(PBL)概述

(一)项目教学法国内外研究综述

"项目教学法"(Project-based Learning,PBL)萌芽于欧洲的劳动教育思想,雏形为18世纪欧洲的工读教育和19世纪美国的合作教育。美国实用主义哲学家、教育家杜威(Dewey,1926)在批判传统学校教育的基础上,提出了"从做中学"①这个基本原则,之后他的学生克伯屈(Kilpatrick,1918)沿袭了杜威的实用主义教育思想,提出"设计教学法"②,目的在于创设问题情境,让学生自己去计划、去执行和解决问题,他于1918年详细地论述了设计教学法的理论基础和实施步骤,并成为这一教学法的代表人物。如今许多关于项目教学法的研究都把杜威及其学生的理论和实践作为项目教学法的起源。

"项目教学法"经过发展,到20世纪中后期逐渐趋于完善,并成为一种重要的理论思潮。自20世纪70年代中后期起,英语教育者开始探索和应用项目教学,研究依托项目的外语教学(Project-based language learning and instruction,简称PBLI)。20世纪末,Eyring(1989)③和

---

① Dewey J. Democracy and Education: An Introduction to the Philosophy of Education[M]. New York: Macmillan, 1926.
② Kilpatrick W H. The project method[J]. Teachers College Record, 1918, 19(04): 1-5.
③ Eyring J L. Teacher Experiences and Student Responses in ESL Project Work Instruction: A Case Study[M]. Los Angeles: University of California, 1989.

Beckett（1999）[①]的博士论文对研究 PBLI 产生了深远影响。Haines（1989）[②]在实践的基础上对 PBLI 进行总结，出版了《英语课堂项目：教师资源材料》(Projects for the EFL Classroom: Resource Material for Teachers)，供 EFL 课堂教学参考。该著作的出版对于在非英语国家英语教学实践中推广 PBL 产生了积极影响。2002 年，Fried-Booth 在多年 PBLI 实践之后，收集、整理并最终出版了 Project Work 完全修订版，一部可供课堂教学参考使用的项目集。2005 年，Beckett & Slater 提出了一个可操作性的 PBLI 框架，并通过实证检验了该框架的有效性，该框架成为许多后续研究的参照，是理论联系实际的一项重要研究成果[③]。2006 年，Beckett & Miller 出版了第一部 PBLI 专题研究文集《基于项目的第二外语教育：过去、现在和未来》(Project-based Second and Foreign Language Education: Past, Present and Future)，它还打破了过去零散不成规模的研究局面，为形成 PBLI 研究的国际共同体、向开创新的研究局面迈出了重要的一步。

我国对"项目式教学"的研究起步比较晚，最初的"项目学习法"主要应用在职业教育上。1996 年《中华人民共和国职业教育法》颁布，我国学者借鉴德国的职业教育方法，将"项目式学习"引入国内以提高职业教育效果。知网第一篇提到项目式教学的文献在 1995 年，赵志群（1995）[④]简述了德国的职业教学法体系，同年《科学课》杂志先后刊登了德国安内莉泽·波拉克女士在中德自然常识研讨会上所介绍的"德国家乡常识课项目设计教学实例"的两篇翻译稿，第一篇设计项目式教学的文献出现在 1998 年。洪长礼（1998）[⑤]在《项目教学法的培训效果初探》一文中介绍了王秉安教授在引入"项目教学法"后的工商管理培训效果，从个人、教师、企业三个层面论述项目教学法带来的影响，并表达了对该教学方法的展望；此后，国有企业在工商管理培训上开始纷纷

---

① Beckett G H. Project-based instruction in a Canadian secondary school's ESL classes: Goals and evaluations[D]. Unpublished Doctoral Dissertation, University of British Columbia, Vancouver,1999.
② Haines S. Projects for the EFL classroom: Resource Material for Teachers[M]. Nelson, 1989.
③ Beckett G H. Project-based instruction in a Canadian secondary school's ESL classes: Goals and evaluations[D]. Unpublished Doctoral Dissertation, University of British Columbia, Vancouver,1999.
④ 赵志群.德国职业教育的教学法体系[J].现代技能开发,1995（12）:40-41.
⑤ 洪长礼.项目教学法的培训效果初探[J].管理与效益,1998（04）:42.

第八章　翻转课堂模式下大学英语教学的方法

尝试"项目学习法";在2000年,项目学习法进入常规教育,昆明的春城小学将"项目式学习法"引入到了小学教育当中,用论文、演讲比赛的方式代替作业[①]。总体来说,在1995—2001年项目式教学法在我国处于初步探索的萌芽阶段。

"项目式教学"很快扩展到外语教学领域,简称PBLI(Project-based language learning and instruction)。我国在语言项目化教学的研究中,多数成果出现在21世纪初,大多处于可行性探讨层面。代表性文献如下:1999年,由文秋芳主导,在南京大学实施的"综合素质实践课",和2002年苏州大学的"多媒体项目教学"[②]较早将我国项目学习应用于外语教学,并通过实践初步验证了项目学习在我国外语教学实践中的可行性。

此后,PBLI进入本土化阶段。张明芳(2011)[③]从后方法视角构建出我国外语教学环境下的项目学习框架。张文忠(2015)[④]在系统的文献研究基础上,开设了英语研究式学习(English Through Projects)课程,并提出了适合研究型大学英语专业的本土化项目英语教学模式。武会芳(2017)[⑤]探讨了外语项目化教学中小组项目评价方式。刘育东(2019)[⑥]从教育观、学习观和语言观三个角度探讨了PBLI教学模式的理论基础。

随着PBLI教学模式在本土的推广和深入,PBLI教学效果研究成为研究热点。盘峻岚(2017)[⑦]使用恩尼斯-维尔批判性思维作文测试(Ennis-Weir Critical Thinking Essay Test)量具对比分析实验组和对照组测试分数,结合实验组学生的项目日志等质性数据,得出结论:项目学习法对英语专业学生的批判性思维能力确有积极影响。李继燕

---

① 曹滢.让学生学得轻松学得好[N].新华每日电讯,2000-09-05(005).
② 顾佩娅,朱敏华.网上英语写作与项目教学法研究[J].外语电化教学,2002(06):3-7.
③ 张明芳.后方法视角下外语教学中的项目学习框架[J].河北师范大学学报(教育科学版),2011,13(06):88-92.
④ 张文忠.PBLI——本土化的依托项目英语教学模式[J].中国外语,2015,12(02):15-23.
⑤ 武会芳.外语项目化教学中小组项目评价方式与难点分析[J].大学教育,2017(08):180-183.
⑥ 刘育东.论依托项目的外语教学理论基础[J].河北师范大学学报(教育科学版),2019,21(04):118-124.
⑦ 盘峻岚.项目学习法对英语专业学生批判性思维能力影响的实证研究[J].现代语言学,2017,5(3):267-277.

（2019）[①]通过定量定性分析相结合的方法,探讨了学生对项目式教学的认可度和历时认知变化,研究发现学生对项目式学习总体持肯定态度,认为能有效提升阅读、写作和口语能力,能有效提高学生的综合素质。多位研究者通过实验先后证实项目教学法对大学生内在学习动机产生积极影响,可以提升学习效率,拓宽知识渠道、提升素养,转变英语学习观念和方式,提高人际交往能力等。

国内外实证研究结果证明PBLI确实是一种有效的教学模式,目前我国依托项目的外语教学应用和研究尚存在局限性,如研究对象分布不均,研究高度集中在职业技术教育,普通高等教育则集中在英语专业教育,在大学外语,即公共外语教学上的应用与研究有限。研究依然存在较多空白领域,如何利用项目教学法的跨学科特点？应用PBLI教学模式是否对教师产生反拨作用？在PBLI教学模式下,教师如何指导、引导、监督与评价？

（二）"项目教学法"的基本特征

1."从做中学"

项目教学法起源于19世纪中叶欧洲兴起的实用主义,实用主义是一种哲学,强调特定研究目的以及研究活动所具备的实践性。该哲学流派的代表人物杜威主张将教育与社会实践、现实生活进行融合,强调"通过行动学习",主张在现实生活中进行真正的探索和实践,不提倡在教室中进行机械式记忆。项目教学法就是在教师的指导下,将一个相对独立的项目交由学生自己处理,自主完成收集信息、设计方案、实施项目及最终评价等多个环节。学生通过项目实践应用知识和获取知识,因此实践性是"项目教学法"最大的特性。

2.完成任务/解决问题

"项目教学法"是以主题和任务为中心和驱动的教学方式。首先教师需要根据教学问题设计一个项目的工作任务,即根据当前所学习的内

[①] 李继燕.信息技术支持下项目式大学英语教学实践与反思[J].教学研究,2019,42（03）:63-69.

容为学生创设一个与现实情况相接近的情景环境,让学生利用某些知识来解决现实问题。在实施过程中,学习者要根据任务或问题进行讨论和思考,设计出具有可执行性的处理方案,用理性审视假设,并展开测试;或者是实施调查研究,联系时代背景、运用相关理论深度解读调查结果,最终提出解决问题的建议。这种探索活动的好处不在于完成任务或是解决问题本身,而在于发现问题所涉及的各种知识和技能,以及对问题形成更深刻的理解。因此,项目是学习的媒介,正确处理和回答项目中的问题可以让学生获取知识,并使学生逐渐习惯独立地解决问题,从而提升综合素养。

3. 设计规划

威廉·赫德·克伯屈(Kilpatrick,1918)[①]沿袭了杜威的实用主义教育思想,提出"设计教学法",目的在于创设问题情境,让学生自己去计划、执行和解决问题。"设计教学法"被认为是项目教学法的起源。因此"设计"是项目教学法的重要内涵。"设计"实际上不仅仅是在教师层面(教师需要根据问题设计和制定一个项目任务),更在于完成项目的学生,他们需要设计完成任务的方案。"设计"需要全局视野,在项目教学模式下教师和学生都被置于一个更高层次,从"职员"变成了"总裁",从"士兵"变成了"将军",任务是否能完成,完成的质量如何都与"设计"密切相关,正是"设计"这个实践环节让师生能力得到大幅提升。因此,设计是项目教学法的另一重要内涵。

4. "以学习者为中心"

项目教学法的基本原则就是"以学习者为中心"。在项目教学框架下,学生是教学活动的主体,教师是"引导者",学生在教师的指导下,规划并监控项目过程、项目进展和结果。项目教学法与传统教学法大不相同,它强调学生的自学能力、独立解决问题的能力,强调学生在教学过程中的主体地位,以及教师的引导作用。

5. 协作磋商

在项目教学模式下,通常由教师提出一个或几个项目任务设想,然

---

① Kilpatrick W H. The project method[J]. Teachers College Record,1918, 19(04):1-5.

后和学生一起讨论,最终确定项目的目标和任务;之后,由学生组成的项目组领取任务,通过磋商(包括师生间的磋商及项目组成员间的交流、讨论),制订项目工作计划,确定工作步骤,分配任务,实施计划,最终分工协作完成项目;完成项目后,师生共同讨论、评判项目工作中出现的问题。因此,协作与合作、磋商与讨论贯穿项目教学的全过程,是"项目教学法"的重要内涵。

6. 汇报展示

项目小组在教师的指导下完成任务后要通过撰写研究报告和制作PPT来汇报和展示项目。汇报展示要求学生用流畅的语言,清晰的思路,有理、有据、有逻辑且生动有趣地表达出来,以期获得同学和教师的认可。汇报展示对外语类项目教学意义非凡:首先,不论是英语专业还是非英语专业大学生,撰写英文研究报告是他们在学术道路上的必备技能,通过本环节,学生可以掌握一般英文学术写作规范,亲身体验二语写作带来的快乐和困惑;其次,制作高质量的PPT和课堂上流畅、自信、生动地介绍可以为项目小组带来极大的成就感和荣誉感,即便展示不成功,也会给小组成员带来巨大动力,为下一个任务作更充分的准备。

7. 评价反思

在项目汇报展示完毕后,我们需要评估项目,包括教师评价、学习小组评价和自评,师生共同讨论、评判项目工作中出现的问题、解决问题的方法以及学习行动的特征等,通过评价、反思,纠正认识,纠正方法,纠正思路。

此外,项目教学法还具有跨学科性和兼容性,这一特征使外语教学的跨域成为可能,通过项目用外语去研究政治、经济、文化、技术、社会等,实现语言作为工具在真实语境中的应用。

二、翻转课堂模式下的大学英语项目教学法的策略

项目教学法是指给学生组成的小组分配一项确定的任务,他们自己计划并且完成,结束时有一个正确的结果。"项目教学法"最显著的特点是"以项目为主线、教师为引导、学生为主体"。笔者将从如下几个方面描述项目教学的策略。

第八章　翻转课堂模式下大学英语教学的方法

（一）项目教学宏观设计思路

项目是由课题组教师结合教材的单元主题，根据学生实际情况拟制的，属于研究类项目，需要使用问卷调查、采访等研究方法，使用归纳、总结、推理、综合等分析方法，使用联系环境、时代、社会等立体层面溯因的讨论方法，按照"现象→问题→调查→分析→讨论→解决问题"这个逻辑展开研究实践。通过研究实践、汇报展示、评价和反思，希望在如下几个方面使学生得到发展和提高。

（1）思想认识：通过对项目调查、研究、思考、分析、讨论，并归纳、总结、推理、演绎、综合，联系环境、时代、社会、国家、世界等，对现象进行客观理性解读，致力于解决现象中存在的问题，从而深化学生对话题的认识，增强其社会责任感和担当意识，达到塑造三观的作用。

（2）语言：项目实践可以帮助学生打下扎实的语言基本功，锻炼读、写、说的技能和培养语言综合运用能力。这是在真实语境下的语言应用，英语成为信息输出的工具，表达思想观点的工具。

（3）内容：使学生拓展对本单元话题的认知，通过信息查询、文献阅读了解跨学科知识和丰富相关百科知识。

（4）能力：培养学生有效的学习策略、研究能力、自主学习能力、合作交流能力、批判性思维能力、问题解决能力、信息搜索能力、各类软件和平台使用等非语言能力。

（5）情感：培养家国情怀，培养学生内在的学习动机、积极的学习态度和较强的自我效能感。

（6）素养：在教师的指导和规范下，通过学习、研究、汇报、展示和比赛以及评价和被评价，培养学生的学术素养、信息素养、视觉素养。

（二）项目与项目计划

项目是计划好的，有开始时间和结束时间，结束后有产品或成果。本课题的项目具有同样特征，项目由教师结合教材《新视野大学英语读写教程1》《新视野大学英语读写教程2》的单元主题、学生生活实际和思政目的提前拟制好的，开学初给学生布置好任务（开始时间同步），每个小组项目结束的时间与教学进度同步，结束后的作品就是研究报告，研究报告需要在课堂上汇报展示。每学期包括 16 个教学周,每周 2 个学时,每本教材 8 个单元,即每单元需要 2 周 4 课时完成,各单元项目需要在该单元第二周的第四个学时完成汇报与展示。

表 8-1 是一期实验 2021.9—2022.1 的项目和项目计划。

表 8-1 一期实验项目计划《新视野大学英语读写教程 1》

教学周	教学内容	项目	项目计划
1	开学第一课	介绍项目	布置项目
2~3	Unit1 Fresh Start	1.A Meaningful College Life	第 3 周汇报
4~5	Unit2 Loving parents, loving children	2.Conflicts between Parents and Children	第 5 周汇报
6~7	Unit 3 Digital campus	3.Effects of the Internet on College Students	第 7 周汇报
8~9	Unit 4 Heroes of our time	4.Civilian Heroes	第 9 周汇报
10~11	Unit 5 Winning is not everything	5.Olympic Games	第 11 周汇报
12~13	Unit 6 Earn as you learn	6.University Students' Taking Part-time Jobs	第 13 周汇报
14~15	Unit 7 Hoping for the better	7.Bad Behaviors on Campus	第 15 周汇报
16	Unit 8 Friendship across gender and border	8.Cross-gender Friendship	第 16 周

表注:因第一周教学内容的特殊性,以及之后节假日因素,通常最后第八单元教学内容以及项目无法完成,因此项目小组通常有 7 组,完成的项目通常为第 1 单元至第 7 单元。

表 8-2 是二期实验 2022.2—2022.6 的项目和项目计划。

表 8-2 二期实验项目计划《新视野大学英语读写教程 2》

教学周	教学内容	项目	项目计划
1	开学第一课	进一步介绍项目	布置项目
2~3	Unit 1 Language in mission	1.Reflections on Doing a Project in English Class	第 3 周汇报

第八章　翻转课堂模式下大学英语教学的方法

续表

教学周	教学内容	项目	项目计划
4~5	Unit 2 College—The ladder to success？	2.Challenges in College Education—Major Choice	第5周汇报
6~7	Unit 3 Discovery of a new life stage	3.Pains during the Odyssey Years	第7周汇报
8~9	Unit 4 Dance with love	4.Campus Romance in College	第9周汇报
10~11	Unit 5 The money game	5.College Students' Spending and Saving Habits	第11周汇报
12~13	Unit 6 Less is more	6. College Students' Life Style	第13周汇报
14~15	Unit 7 Women：Making a difference	7.People's Prejudices against Women in Daily Life	第15周汇报
16	Unit 8 Human right vs. animal right	8.How to Treat Animals?	第16周汇报

注：因第一周教学内容的特殊性，以及之后节假日因素，通常最后第八单元教学内容以及项目无法完成，因此项目小组通常有7组，完成的项目通常为第1单元至第7单元。

（三）项目教学步骤

项目教学按照如下七个教学阶段进行。

（1）介绍项目和分组。介绍"项目式教学"理念和"如何做项目"，之后学生进行分组并选拔组长。

（2）设计项目。由课题组教师根据教材的单元主题，学生生活学习实际和课程思政目的共同设计项目，然后给学生项目小组布置任务。学生项目小组根据自己的理解和看法对项目进行"再设计"，并拟制具体的研究目标或研究问题。

（3）制订计划。小组项目负责人根据研究目标，通过协商制订项目工作计划、工作步骤，并最终得到教师的认可。

（4）实施计划。小组项目负责人通过协商确定小组成员的合作形式，明确组员在项目实践中的分工，然后按照已确立的工作计划和步骤开展项目实践。一般工作步骤是：确立研究目标→阅读文献→确定研究方法→展开调查（问卷／采访）→回收和分析数据→总结研究发现→讨论并得出结论→用英文制作 PPT，撰写研究报告。

（5）检查修改。汇报展示前由教师对 PPT 和研究报告进行检查和审核，并提出修改意见。然后学生修改，教师再审核直至合格。

（6）展示与评价。负责汇报的小组成员在教室或在线上演示 PPT 并用英文介绍研究成果。汇报结束后，由学生（非小组成员）和教师依据评价标准分别点评，课后，教师以书面形式在班级群公示终评。

（7）反思与借鉴。项目小组根据终评对 PPT 和研究报告进行最后修改，然后提交作品。教师将本次最佳作品发到各班级群，给予鼓励表扬，同时达到互相借鉴学习的目的。最佳作品将和其他实验教师推出的最佳作品进行二次评比，胜出作品参加学期末终极决赛。

（8）项目教学后期。每阶段（即每学期）项目教学完成后，教师对学生的项目成果（PPT、研究报告）进行修订和汇编，根据学生学习表现、意见和问题反馈、项目成果折射的共性问题，反思项目教学的短板，继而进一步完善课程、课堂和研究项目的设计，为下一阶段教学做好准备。

（四）项目教学辅导系统

实施项目教学法，首先要教学生掌握"如何做项目"，本书的项目教学辅导通过如下方法实现。

1. 集中辅导

一期实验：介绍项目。向学生介绍"调查研究项目"的基本步骤和环节，以前期实验的优秀学生作品为示范案例。一期实验项目培育重点是让学生学会拟制研究问题，掌握调查研究的方法，并能够描述研究发现，并基于研究发现结合环境、时代、社会、国家背景展开讨论与解读，并按照"介绍、研究设计、研究方法、研究发现、分析讨论、结论"这个逻辑结构制作 PPT。

二期实验：进一步介绍项目。首先，向学生示范如何到学校数字图书馆的数据库查找相关文献，通过文献回顾探索项目的研究方法和理

第八章　翻转课堂模式下大学英语教学的方法

论。其次，示范引用文献的标注方法及格式，以及在研究报告最后附上参考文献的一般要求和格式。最后，提出新的要求，不仅要提交用于汇报展示的 PPT 课件，还要撰写研究报告，明确二者在表达上的差异，并提供范例。

2. 微课和课件辅导

在课题前期试验中发现教师指导时间不足而且能力不均衡。大学英语教学有其必须完成的教学任务，项目式教学是方法不是内容，但要践行这个教学方法，需要指导学生怎么做。此外，每位教师对项目和项目式教学的了解和掌握是不均衡的，指导学生做项目的能力也是不均衡的，要保证学生受到的指导是系统的和专业的就需要准备好一套统一的、系统的、好用的、高质量的课程。

为满足指导时间和提供高质量的指导课程的需求，教师需要建立共同的、统一的线上教学资源，拓展学生的自主学习空间。鉴于现在碎片化的学习风格，建立以解决问题为导向的短小精悍的微课系列是一种有效的手段。微课系列应该是开放式的，根据不断出现和发现的问题，不断地探索和深入，一步步丰富微课，使之成为一个有机的系统，最终升级成为慕课。因教学任务多，教学学时有限，教师无法展开各项内容进行集中辅导，所以，根据学生在实践过程中的突出问题，经过研究、查证、确认，精心制作教学课件和微课，科学指导学生的项目实践，将其存放至学生群供学生自主学习使用，学生可随时查看。课件将陆续全部制作成微课，方便学生学习使用。表 8-3 是目前已有的课件系列和已经制作完成的微课。

表 8-3　教学资源建设

教学形式	教学内容
课件	1. A General Introduction to a Project 2. How to Write a Research Report 3. How to Write an Introduction 4. How to Write a Research Design 5. How to Describe Research Findings 6. How to Write "Discussion" 7. How to Write "Conclusion" 8. On Reference 9. How to Design a Questionnaire

续表

教学形式	教学内容
微课	1.How to Write a Research Report 2.How to Design a Questionnaire 3.How to Identify a Fallacy
附注：教学资源建设趋于完整后，将在线上建立慕课，为本科生初涉科研领域提供系统辅导。	

3. 样例和范本辅导

举例子说明问题是最简单有效的方法，在实施项目教学法以来，教师手里存有大量学生提交的作品，有十分优秀的作品，也有存在较多问题的作品，有的作品局部环节很出色，有的作品逻辑衔接优秀，有的作品抽象概括能力突出，有的作品站位高、格局大，能够很好地联系时代、联系社会来阐释与解读现象，有的作品找到了很好的理论来支撑讨论与分析，有的作品拍摄了自然、亲切、深入的采访视频，有的作品PPT制作精良，有的作品语言自然流畅、表达简单深刻，这些作品都可以成为教学辅导的样例，或完整的优秀作品样例，或局部环节样例，或问题样例，辅之以文字点评，就能起到出色的辅导作用。但样例式和范本式辅导也存在弊端，会导致学生机械模仿，限制他们的创造性，或者由于缺乏准确点评，学生把好的、坏的一并模仿下来。因此，使用样例或范本辅导时教师的准确点评很重要，同时要注意褒奖与众不同的方法、观点、设计等，以防样例成为标准。

样例和范本辅导的方式有：（1）班级群展示（有局部样例和完整样例）；（2）课堂上展示（针对学生实践中存在的共性问题，在点评时提供局部样例辅助讲解）。提供的样例形式包括PPT、研究报告以及录制的学生展示视频。

4. 根据学生需求随机辅导

学生在项目实践过程中，还会遇见各种具体的困惑、困难、问题等，教师根据学生需求随时通过线上各种交流手段，或线下面对面方式给予及时的引导、辅导和指导。

5. 点评辅导

教师审核作品时提出的修改意见，以及在汇报展示后，其他同学和教师的现场点评,还有课后班级群公示的附有明细得分的终评,对项目小组而言都是辅导,小组可根据反馈进一步修改作品,并为下次项目实践累积经验。

第三节 翻转课堂模式下的大学英语成果导向教育(OBE)

一、成果导向教育(OBE)概述

(一)成果导向教育的内涵

OBE 理念的全称是 Outcome-Based Education,这一理念是由美国社会学家威廉·斯派蒂(William G. Spady)于1981年提出的。1994年他在他的著作《基于产出的教育:争议与答案》(*Outcome-Based Education: Critical Issues and Answers*)中对 OBE 理念的内涵进行了定义:"清晰地聚焦和组织教育系统,确保学生在未来生活中获得实质性成功经验"[1]。然而,澳大利亚教育部门也对 OBE 理念的内涵作出了解释,即"实现学生特定学习产出的一种教育过程,教育结构和课程是教育过程的手段而非目的,如果该过程不能培养学生的能力则需要被重建"。通过以上对内涵的定义可知,OBE 理念重点关注的是学生的学习成果,所有的教学活动都要以学生为中心,围绕学生的学习成果而展开,即"成果导向、学生中心、持续改进"。因此,在开设教学活动前我们首先要清楚学生在结束学习之后有哪些学习成果,以怎样的手段和方法来实现学习成果,用何种方式评价学生所获得的学习成果,在此基础上来安排合适的教学活动,以保证顺利实现预期的学习成果。

李志义、朱泓、刘志军、夏远景(2014)归纳了 OBE 的实施框架:一个核心目标、两个重要条件、三个关键前提、四个实施原则、五个实施要

---

[1] Spady W G. Outcome-Based Education: Critical Issues And Answers[J]. American Association of school Administrators, 1994 (21): 1-10.

点(图 8-1)[①]。

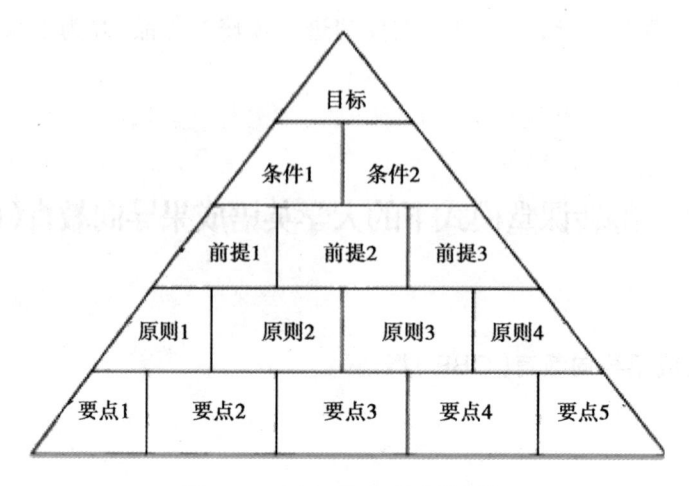

```
           目标
       条件1    条件2
    前提1    前提2    前提3
  原则1   原则2   原则3   原则4
要点1  要点2  要点3  要点4  要点5
```

图 8-1　OBE 三角形实施框架

核心目标：每名学生都要达成最终的顶峰成果。

重要条件。

（1）描绘成果蓝图，明确学生应达到的能力，使学习成果清晰化。

（2）创设成功环境，为学生提供合适的条件和机会以达到预期目标。

关键前提。

（1）每名学生都可以通过学习获得成功，但是所需的时间不同、采用的方法不同。

（2）成功是成功之母，即一次成功的学习会促进下一次成功的学习，层层递进，最终达到顶峰。

（3）学校掌握着学生成功的条件，因此学校应提供更多的学习机会和学习资源给学生，以帮助他们达成最终成果。

实施原则。

清楚聚焦、扩大机会、提高期待以及反向设计是在落实 OBE 理念过程中应遵循的四项基本原则。这四项基本原则的提出建立在两个前提基础之上。

（1）教育对人才培养提出的基本要求具有可判断性。

（2）每名学生的发展存在无限可能性。

[①] 李志义,朱泓,刘志军等.用成果导向教育理念引导高等工程教育教学改革[J].高等工程教育研究,2014（02）:29-34,70.

第八章　翻转课堂模式下大学英语教学的方法

基于以上两点,斯派蒂才构建了实施 OBE 理念的基本原则。第一,清楚聚焦是实施 OBE 理念最基础且最关键的一条原则,它要求教师和课程计划者清楚地聚焦于他们期待学生最终获得的学习成果,并以此来开展教学设计和教学活动;不仅如此,它也对学生提出了要求,学生也要把学习目标明确地聚焦于学习成果上面。第二,扩大机会这一原则是指学生个体之间具有差异性,他们虽然不能用同样的方式和同样的时间取得相同的成果,但是 OBE 理念相信"人人皆能成功",因此学校和教师应尊重学生个体之间的这种差异性,提供指导,灵活安排教学时间和教学资源以及进行科学评价,从而保证每名学生都有成功的机会。第三,提高期待这一原则指在教学实践过程中教育者对学习者设定合理且高于他们自身水平的教学目标,这个教学目标要遵循最近发展区这一理论,需具备挑战性,同时也要不失可实现性。但需要注意的是,这个教学目标不是固定不变的,要跟随学习者的变化发展而进行动态设定,始终以学生的发展水平为依据,构建更高一级的标准,从而保证"成功到更成功"的学习的有效推进。第四,反向设计这一原则与预定的学习成果密切相关,即这些成果不仅是教学设计和课堂活动安排的终点,也要以此为起点反向设计课程,认真思考怎样以最终的成果为出发点,自上而下的设计活动才可以保证学习成果的顺利实现。以上四个基本原则息息相关,缺一不可。

实施要点。

斯派蒂在构建出的金字塔结构中,列出了在实际应用 OBE 理念时应遵循"确定学习成果""构建课程体系""确定教学策略""自我参照评价"以及"逐级达到顶峰"这五个实施要点。第一,学习成果指的是学生在结束某一门课程的学习之时或者之后能够取得清楚的、可以看见的、可以证实的成果[1]。在明确学习成果时应考虑多方面的因素,包括社会、学校、家长和学生本人,这些成果不仅是教学设计和课堂活动安排的终点,也要以此为起点。第二,构建课程体系是在明确学习成果之后,可以通过一种或者多种课程来实现这些学习成果,同时,一门课程也应具备完成多种成果的能力,它们之间存在着清楚的映射关系。第三,教学策略是帮助实现学习成果的有效手段,与以教师为中心的传统教学方式大为不同,OBE 理念强调要以学生为中心,关注学生的学习结果、能

---

[1] 姜波.OBE:以结果为基础的教育[J].外国教育研究,2003(03):35-37.

力;同时,OBE 理念更多关注的是输出而不是输入;此外,由于学生个体之间存在差异性,OBE 理念也提倡个性化教学,教师要依据学生的特点、目标、学习进度等采取因材施教的方式,制订有针对性的教学方案。第四,自我参照评价应根据学习成果,对学生所取得的成果以及能力的提升进行多元、个性化的评价,而不是仅仅对学生进行终结性评价。第五,逐级达到顶峰指的是拆分学习成果,把学习成果定级,让学习者在学习过程中逐渐实现由低级到高级的转变,最后走向顶峰,这表明学生可能花费不同的时间,采取不同的学习手段和方法,但是他们最终会抵达相同的目标。

(二)成果导向教育的国内外研究综述

1. 国外关于 OBE 理念的研究

国外关于成果导向教育(OBE)理念的研究相对比较系统、完善,最早可以追溯到 20 世纪 80 年代。那时的美国正在经历金融危机,彼时的教育不能继续支持学生的生活及工作,作为世界公认的教育强国,美国有许多学者逐渐注意到教育结果和教育成果应具备实用性与价值性的特点。

基于此背景,美国社会学家威廉·斯派蒂于 1981 年在《基于产出的教育管理:社会视角》(*Outcome-Based Instructional Management: A Sociological perspective*)这一文章中最先提出 OBE 理念这一先进的教育理念,自它出现以后,最先运用在美国、英国、加拿大等一些西方国家的教育改革中,后来渐渐获得世界范围内专家学者的注意和认可。关于 OBE 理念及其发展的研究:有关 OBE 理念的理论探讨与发展的研究始于斯派蒂。自斯派蒂于 1981 年提出这一理念之后,1991 年他在《超越传统的基于结果的教育》(*Beyond Traditional Outcome-Based Education*)中改进了传统的 OBE 理念,以"转型结果导向型教育"与"人人皆能成功"[1]为重组原则,并且创造了 10 个替代方案,建立了新型 OBE 理念。随后三年,斯派蒂在《基于产出的教育:争议与答案》

---

[1] Spady W G, Marshall K G. Beyond Traditional Outcome-Based Education[J]. Educational Leadership,1991(02):65-71.

第八章 翻转课堂模式下大学英语教学的方法

(Outcome-Based Education: Critical Issues and Answers)这一书中对OBE理念的概念进行了清楚的界定并且展开了深入研究,分析了开展OBE教学模式的关键要点,指明在教育过程中应重点关注整个社会对人才的实际需要,基于学习成果来统筹规划教学时间以及科学安排重要教学资源,同时该书也详细阐述了OBE理念产生及运用的主要趋势。

哈登(Harden)因受到斯派蒂的影响,于1999年从医学视角出发结合医学教学实践深入研究了OBE理念[1],随着研究的不断深入,他于2002年研究出OBE理念较传统教学具备12条独有的优势,同时也详细介绍了自1981年到2002年OBE理念的发展历程。

阿查亚(Acharya)总结了前人研究,并于2003年在《成果教育:一种新的学习范式》(Outcome-Based Education (OBE): A New Paradigm for learning)这一文章中系统地指出了"清楚聚焦、扩大机会、提高期待和反向设计"[2]这四项实施OBE理念的基本原则,并把基于OBE理念的教学模式的基本框架总结为:定义学习成果、实现学习成果、评价学习成果、运用学习成果(Defining, Realizing, Assessing, and Using)四个关键步骤,这后来也成了OBE理念的实践标准并且一直沿用至今。

巴特勒(Mollie Butler)与多南(Dornan)于2013年在《基于结果(能力)的教育:其起源、理论基础和实证研究》(Outcome (competency) Based Education: An Exploration of Its Origins, Theoretical Basis, and Empirical Evidence)这一文章中从哲学的视角出发梳理了OBE理念的发展历程和理论基础。[3]

国外对成果导向教育OBE理念已经形成了系统完善的研究,为基于OBE理念指导的应用研究指明了方向。在OBE理念的应用研究方面,美国、英国、加拿大等一些西方国家的学者开展了相关研究,主要将

---

[1] Harden R M. AMEE Guide No.14: Outcome-Based Education: Part 1—An Introduction to Outcome-Based Education[J]. Medical Teacher,1999,21(01): 25.
[2] Acharya C. Outcome-Based Education (OBE): A New Paradigm for Learning[J]. Triannual Newsletter,2003(05): 78-82.
[3] Morcke A M, Dornan T,Eika B. Outcome (Competency) Based Education: An Exploration of its Origins, Theoretical Basis, and Empirical Evidence[J]. Advances in Health Sciences Education,2013,18(04): 851-863.

其应用到教育认证、教育教学改革以及革新课程发展模式等领域并有所建树。

美国工程教育认证协会(ABET)于1997年将OBE理念应用到工程教育领域,对其进行改革,推出工程课程计划和认知标准EC2000,并把它们作为标准持续不断改进。除此之外,欧洲的一些国家也从课程发展模式的视角出发研究且论述了OBE理念,如他们列举的"三明治"课程体系以及动态环境课程规划等,虽然课程发展模式不同,但是培养目标是相同的,都是为了提升学习效果,培育合格的毕业生。

哈登(Harden)于2007年在《成果教育——鸵鸟、孔雀和海狸》(Outcome-Based Education the Ostrich, the Peacock and the Beaver)这一文章中以鸵鸟等一些动物为原型,对OBE理念的实施展开研究,提出了实施效果检测模式和详细目录检测清单。[1]

肯尼迪(Kerry J. Kennedy)于2011年在《提升高等教育质量的概念:香港成果学习的政策、理论与实践》(Conceptualising Quality Improvement in Higher Education: Policy, Theory and Practice for Outcomes Based Learning in Hong Kong)这一文章中以香港地区的大学为研究对象,基于OBE理念的指导从政策、理论以及实践三个角度分析了教学实施效果。[2]

通过分析以上文献可知,工程教育领域最先运用成果导向教育(OBE)理念并产生了不错的效果,随着对这一理念的深入研究与发展,这一先进的教育理念也逐渐融合到其他领域。

综上所述,成果导向教育(OBE)理念起源于美国,在西方国家逐渐发展成熟,经历了40多年的革新,无论是在OBE理念的理论基础、发展历程,还是应用研究等方面均有了细致深入的分析研究,构建了一个较为系统的理论体系。因此,我国在进行教育革新时,可以把国外学者的相关研究作为参考,并结合我国的实际教育情况,取其精华,引入OBE理念,进行本土化发展。

---

[1] Harden R M. Outcome-Based Education the Ostrich, the Peacock and the Beaver[J]. Medical Teacher, 2007, 29 (07): 66-67.
[2] Kennedy K J. Conceptualising Quality Improvement in Higher Education: Policy, Theory and Practice for Outcomes Based Learning in Hong Kong[J]. Journal of Higher Education Policy and Management, 2011, 33 (03): 211-213.

第八章 翻转课堂模式下大学英语教学的方法

2. 国内关于 OBE 理念的研究

相比于国外，国内对成果导向教育理念在理论和实践方面的研究起步较晚，但是我国的教育研究者在接触了 OBE 这一先进的教育理念之后，结合我国实际，也开始了本土化的探索研究。研究者在中国知网上以"OBE 理念"和"成果导向教育理念"为关键词进行检索时发现，2015 年是一个分水岭，在 2015 年之前，有关 OBE 理念研究的发文量较少且发展相对平缓。然而自 2015 年至今，有关 OBE 理念研究的发文量呈现出迅速增长的趋势（2021 增长较为缓慢，如图 8-2 所示），因此可以看出国内学者对这一理念很感兴趣。OBE 理念的主题分布情况如图 8-3 所示。

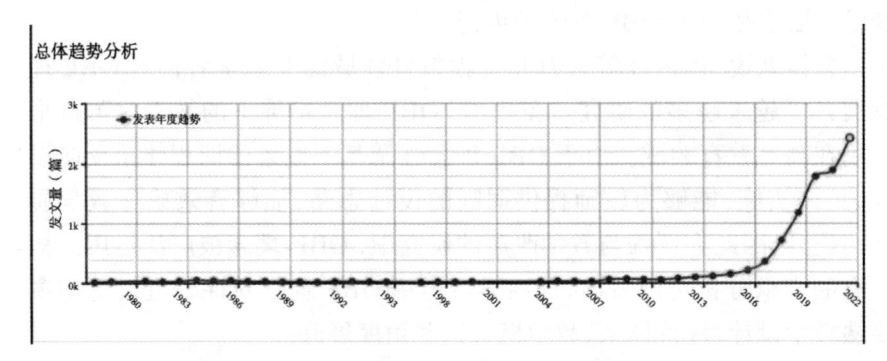

图 8-2 有关 OBE 理念的发文量趋势图

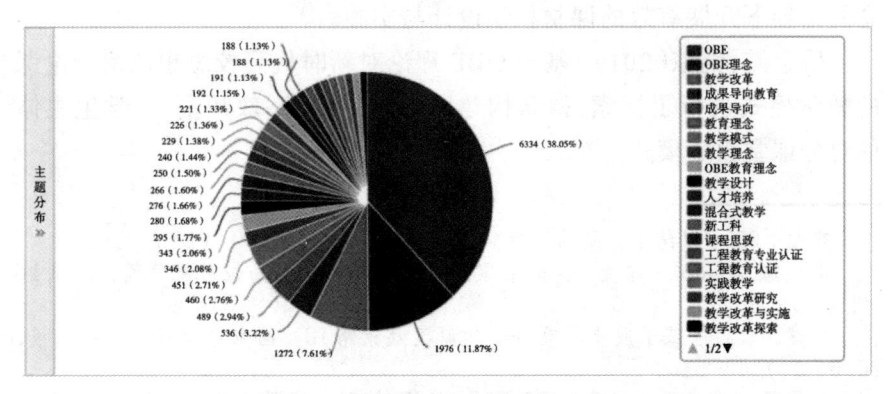

图 8-3 OBE 理念的主题分布情况

研究者在检索文章时发现，国内学者对成果导向教育（OBE）理念的研究多集中于两个方面：理念研究与教学改革研究。

关于成果导向教育（OBE）理念的研究如下。

姜波（2003）最早对 OBE 理念展开了相关研究，她对 OBE 理念的起源和实质、体系和原则重点进行了阐释，并且强调了知识输出的重要性。①

申天恩和斯蒂文（2016）研究了 OBE 理念的理论渊源，提出了一系列相关理论的研究成果，并且在教学目标、执行原则和实施要点等方面进行了详细的阐述。②

巩建闽（2016）结合我国教育实际，根据高校毕业生在通用能力等方面存在的问题及成因，指明基于成果导向教育是提高人才质量的必然选择，同时也分析了教育教学改革难度和实施策略。③

张男星、张炼、王新凤、孙继红（2020）综合 OBE 理念的起源和实践，结合我国高等教育的实际情况，从 OBE 理念的核心理念、运行机制和结果要求拓展了 OBE 理念的内涵。④

总体来说，国内高等教育和工程教育领域的专家学者们对 OBE 理念展开了越来越多的研究。在我国，OBE 理念指导下的教学改革最早应用在高等教育领域。由于 OBE 理念强调基于成果的课程体系反向设计、正向实施，能够为教师提供明晰的设计思路，能够有效确保教学质量的提升，因此在课程与教学改革的研究中，OBE 理念被广泛运用。从已有的文献分析可以看出，国内学者运用 OBE 理念对课程进行重构主要从教学设计、评价体系、教学模式这些角度展开。

施晓秋（2018）从工程教育认证的角度出发，阐释了如何在 OBE 理念的指导下开展有效的课堂教学设计与实施。⑤

岳金霞、吴琼（2019）基于 OBE 理论对新时代高校思想政治理论课的教学模式进行了探索，探索构建以学生为中心、教师主导、学生主体的对分课堂教学模式。⑥

---

① 姜波．OBE：以结果为基础的教育[J]．外国教育研究，2003（03）：35-37．
② 申天恩，斯蒂文·洛克．论成果导向的教育理念[J]．高校教育管理，2016，10（05）：47-51．
③ 巩建闽．实施基于成果教育 OBE 的原因及策略[J]．国家教育行政学院学报，2016（06）：48-53．
④ 张男星，张炼，王新凤等．理解 OBE：起源、核心与实践边界——兼议专业教育的范式转变[J]．高等工程教育研究，2020（03）：109-115．
⑤ 施晓秋．遵循专业认证 OBE 理念的课程教学设计与实施[J]．高等工程教育研究，2018（05）：154-160．
⑥ 岳金霞，吴琼．OBE 理论视角下的新时代高校思想政治理论课教学模式探索[J]．思想教育研究，2019（05）：90-94．

第八章　翻转课堂模式下大学英语教学的方法

马国勤(2020)基于 OBE 理念构建了一种全程闭环改进的教学模式(成果导向、任务驱动、教学分析→教学设计→资源开发→教学实施→教学评价→诊断改进),这种模式应用于实践且取得了良好成效。①

当前我国对 OBE 理念的研究愈来愈成熟,同时也基于 OBE 理念展开了很多实验研究,在高等教育英语领域的研究也越来越丰富。

在研究生英语中,淳柳、郭月琴、王艳(2021)用实践证明以 OBE 理念为指导的研究生学术英语教学模式与"双一流"建设背景下的研究生培养目标相匹配,能够促进学生专业学术素养与实践应用能力的发展。

在大学英语中,周仲新、王艳文(2018)以燕山大学的 240 名学生作为研究对象,用教学实验证明了基于 OBE 理念的大学生英语应用能力培养教育模式有助于提高大学生的综合语言应用能力。

在"大学英语+课程思政"的研究中,杨洋、庞薇薇、倪志刚(2020)依据工程认证的 OBE 教育理念的内涵,结合大学英语的培养目标,从教学目标、教学内容、教学方式和教学评价四方面给予了相关建议,构建了 OBE 理念下大学英语课程思政的创新路径。②

在商务英语教学中,孙绪华(2018)结合 OBE 经典四步骤,从课堂教学目标、课堂内外教学过程组织、评估内容、评估方式、持续改进措施等方面,全面构建商务英语课堂内外教学模式。③

宋杨(2020)介绍了英语专业《商务英语视听说》课程,在"以学生为中心"的 OBE 教学理念指导下,充分利用当下的信息化教学平台推进混合式教学改革。④

在听、说、读、写、译五项技能中,胡魏、文莉萍、张慧(2022)分析了传统英语听力教学的特点和局限性,以 OBE 理念为指导探究了英语听力教学的新路径。

樊湘军、关兴华(2017)在英语口语教学中尝试以成果为导向的任务设计,发现成果导向的翻转课堂教学模式促使学生在学习兴趣、方法

---

① 马国勤.基于 OBE 理念的高职课程教学模式研究与实践[J].职教论坛,2020,36(05):63-68.
② 淳柳,郭月琴,王艳."双一流"背景下基于 OBE 的研究生学术英语教学模式改革与实践——以中国石油大学(华东)为例[J].学位与研究生教育,2021(05):42-47.
③ 孙绪华.基于 OBE 理念的商务英语教学模式构建[J].佳木斯职业学院学报,2018((03):330-331.
④ 宋杨.基于 OBE 理念下的《商务英语视听说》课程的混合式教学改革设计[J].中国多媒体与网络教学学报(上旬刊),2020(06):145-146.

接受度、任务参与度、自主学习度、自我效能感以及口语成绩等方面均有提高,学习焦虑也得到了一定的缓解。①

汪潇潇和刘威童(2017)基于OBE理念,采用"回溯式"的教学设计,提出可广泛适用的MOOC课程框架,并以《生活英语听说》和《英文探索》为例,阐释了该框架的应用。②

金良友、刘丹(2019)分析了"英语阅读1"的课程教学现状,找出了在教学过程中存在的若干问题,将OBE理念引入到"英语阅读1"课程教学改革实践中,从课程目标、课程内容设计与实施、课程评价方面进行探索。③

此外,OBE理念还被应用到大学英语写作中去,张丽娜(2018)改变了以往传统单一的教学模式,在OBE理念的指导下采取混合式教学研究,设计出了以学生为中心、以预期产出为导向,充分利用线上线下混合式教学模式,反向设计英语写作教学实施过程的教学实施方案,并且指出它能充分调动学生的主观能动性,提升学生英语语言书面输出能力。④

孙琳(2020)以OBE理念的基本步骤为框架,以历年语言服务行业发展报告数据为依托,梳理基本情况,发现不足,提出优化翻译教学授课,构建评估体系等建议,探索翻译人才培养方式。⑤

综上所述,成果导向教育(OBE)理念为我国教育改革提出了新方法、新思路,可以应用到多个领域、多种教学模式中去,但是要根据不同的教学模式做出灵活调整才能达到最优的教学效果。研究者认为,虽然我国OBE理念指导的教学改革是从高校开始的,但是改革是自上而下的,OBE理念强调以学生为中心、多元化、动态地评价学生,与培养学生核心素养的要求相匹配,所以它应用到英语教学改革中是必然趋势。

---

① 樊湘军,关兴华.成果导向教育理论在英语口语翻转课堂中的实证研究[J].中国教育学刊,2017(S1):232-235.
② 汪潇潇,刘威童.基于OBE理念的MOOC课程设计与案例分析[J].远程教育杂志,2017,35(06):104-110.
③ 金良友,刘丹.基于OBE理念的英语阅读课程教学改革与实践[J].科技视界,2019(32):152+149.
④ 张丽娜.OBE理念下大学英语写作混合式教学研究[J].教育现代化,2018,5(44):237-238.
⑤ 孙琳.试论OBE视域下的我国翻译人才培养模式[J].中国翻译,2020,41(06):107-111.

第八章　翻转课堂模式下大学英语教学的方法

二、翻转课堂模式下的大学英语 OBE 教学的策略

（一）OBE 理念与大学英语翻转课堂教学模式融合

1.OBE 理念与翻转课堂教学模式理念相契合

OBE 理念要求根据内外部需求确定课程目标后，对大学英语教学过程与教学评价进行反向设计，将以往"教师讲授什么"转变为"学生学到了什么"，以学生最终能达成的能力指标为教学评价的依据。大学英语翻转课堂教学模式要求大学英语教学过程的整体翻转，将"课上学习知识—课后内化知识"转变为"课下学习知识—课上内化吸收"。把大学英语课堂上的时间还给学生，教师与学生角色发生转变，培养学生的综合能力。OBE 理念与大学英语翻转课堂教学模式的教学理念相互契合，都强调以学生为中心、培养学生综合能力，在教学过程中以多样化的学习资源辅助学生进行课程学习。

2.OBE 理念与大学英语翻转课堂教学模式的有效连接

OBE 理念是一种指导性理念，在明确教学目标后对教学内容、教学活动、教学评价等进行反向设计，使学生的学习更具指向性和针对性。翻转课堂教学主要对具体教学内容和教学活动进行重新设置，教师讲授部分翻转到课前进行，课中以知识内化吸收为主。OBE 理念与翻转课堂的结合可以在 OBE 理念根据社会、企业对人才的需求、学习者特点重新定义教学目标后，结合翻转课堂教学模式的特点，对课程内容和活动进行重新设计。这不仅有助于提高学生的学习兴趣，同时也增强了教学的有效性与实用性。

（二）基于 OBE 理念的大学英语翻转课堂教学模式的设计原则

1.成果导向

基于 OBE 理念的大学英语翻转课堂教学模式以成果为导向，强调

大学英语教学过程中教学设计要清楚聚焦在学习者最终可获得的学习成果上,大学英语教学活动的全过程围绕学生最终可获得的学习成果进行,之后对大学英语教学过程与教学评价等各元素进行反向设计。教师要让学生知道他们正在达成什么样的大学英语教学目标,为什么要达成这一教学成果,以及如何实现大学英语教学目标。

2. 以学生为中心

基于 OBE 理念的大学英语翻转课堂教学模式的教学全过程以学生为中心,新教学模式要求在高效的大学英语教学活动中,对学生的自主探究能力和自主学习意识进行培养,让学生在教学实践中能够有目标地、自主地进行探究学习。教师对学生教学活动结束后需要掌握的专业知识与技能进行全面分析以进行教学设计,在教学实施的过程中以学生的发展为主线,教学效果的顺利实现为关键,将课堂还给学生,尊重学生的主体地位,充分激发他们的学习热情,帮助学生实现任务成果并完成知识内化吸收。

3. 扩大机会

"扩大机会"意味着学校和教师应尊重学生之间的个体差异,给学习者提供更多的机会,帮助他们达到学习目标。基于 OBE 理念的大学英语翻转课堂教学模式强调要让所有学生都能在学习过程中获得成功,但是学生获得成功的时间和方式是不一样的,给学生提供更丰富的学习资源,使用更灵活多样的方法,以丰富学生的学习体验。教师还应要以更弹性的方式让学生进行个性化学习,以更丰富多元的评价机制,给予学生更多的机会,帮助学生达成英语学习目标。

4. 持续改进

基于 OBE 理念的大学英语翻转课堂教学模式的教学评价不但用于评判学生的英语学习情况,更是为了获得英语学习反馈,及时发现大学英语教学过程中存在的问题,对大学英语教学全过程进行持续改进。持续改进有利于教师对大学英语教学目标与教学过程进行完善,使大学英语教学全过程更符合学生的英语学习特点与需要,发挥更好的教学作用。对学生进行教学评估时,要注重过程性评价,以便更好地掌握他们的学习状况。

5. 线上线下相结合

基于 OBE 理念的大学英语翻转课堂教学模式打破学习时间、空间上的界限，结合教学云平台，以线上线下相结合的方式对学生进行教学。将传统大学英语教学模式中教师课堂讲授、课后解决问题转变为课前线上学习、课中线下教师指导学生合作探究、交流讨论。线上教学环节的加入，以新颖的学习资源吸引学生注意，在丰富学生学习体验的同时，满足学生个性化学习需求，与线下教学环节相结合，拓宽学生知识积累，激发学生的学习积极性与主观能动性。在确定课程目标时，教师可根据不同教学环节设定不同教学目标，在课前线上教学环节以达成低阶知识目标为主，而课中线下教学环节推动学生达成高阶思维目标。

(三) 基于 OBE 理念的大学英语翻转课堂教学模式的教学设计

基于 OBE 理念的大学英语翻转课堂教学模式借助云教学平台，采取线上线下相结合的方式实施大学英语教学，与传统大学英语教学模式相比，无论是学习空间上还是时间上都更灵活、自由。通过对 OBE 理念与大学英语翻转课堂教学模式进行深入分析，本书设计出"三环十步教学流程"。

1. 课前线上自学环节

（1）上传学习资源。OBE 理念要求清楚聚焦大学英语教学成果。上课前，教师需要确定大学英语课程教学目标，在此基础上进行整体大学英语教学设计。在大学英语教学云平台上传相关学习资源供学生进行课前自学，学习资源应尽可能地贴近学生日常生活，以提升学生学习兴趣，使学生产生学习共鸣。微课资源时长不应过长，控制在学生有效学习时间内，难度不宜过大，以免影响学生对本节课的学习兴趣和学习积极性。通过这一步骤让学生明确课程学习目标，学习本节课的基础知识，获得学习成就感。

（2）跟踪学习情况。学生在完成课前自学环节的学习后，还应积极完成课前小测任务，向教师反馈课前学习效果。对于遇到的疑难进行适当标记，以便在课堂上展开讨论。教师及时跟踪学生课前自学环节的学习情况对课中教学环节进行适当调整，使教学活动更具针对性和适应性,同时对学习资源、课前小测完成情况进行记录,并将其作为其中一项结果对学生进行过程性评价。

2. 课中线下学习环节

课中课堂学习环节主要采取教师辅助学生解决问题和组织学生进行线下交流讨论、合作探究的方式进行。课中课堂学习环节和课前自学环节并不是相互独立的,他们是相辅相成、互相促进的。课中教学环节是对课前自学环节知识的深化学习,也是提升学生综合素质的关键环节。

(1)课前学习小结。大学英语课堂教学活动实施前,教师须对课前自学环节的内容与学习情况进行小结,之后带着学生一起回顾课前学习内容,梳理课前学习环节的重难点,讲解课前小测题目。

(2)案例导入新课。课堂小结后,将学生感兴趣的案例导入新课,向学生提出问题,激发学生兴趣,引起学生注意,让学生通过讨论和分享来解决问题。

(3)布置目标对应活动。基于 OBE 理念的大学英语翻转课堂教学模式课中学习环节通过组织学生交流讨论、合作探究的方式进行。教学活动设置上应与课程目标相对应,使学生完成活动探究后能顺利获得学习成果。在这一环节中,教师需要让学生明确活动内容,学生确定分组后给学生发放完成活动需要用到的工具与材料。

(4)引导合作探究。在活动探究过程中,教师需要实时监督学生课程任务完成情况,把握时间和控制课堂秩序,认真观察学生在合作探究时的表现并记录他们遇到的问题,加以适当指引,要鼓励学生克服畏难情绪,遇到困难时与小组成员共同合作,有刻苦钻研的精神,学会使用现有的学习资源共同分析、解决问题。

(5)评价学生成果。在完成活动后,各个小组需要派代表对成果进行展示与汇报,讲解成果完成思路、遇到的问题和解决的方法等。在组员汇报时,别的小组成员可以对组员汇报情况进行拍摄记录,帮助汇报员汇报后观看视频反思自己的表现,以提高学生语言表达能力、仪态和汇报能力。在小组汇报过程中,教师可以邀请其他小组对学生成果进行点评,汇报完成后,教师需要对每个小组的整体表现进行总体评价。对学生活动成果进行评价能使学生更客观地了解成果完成情况和学习表现,促进学生自我反思,提高学习成效。

(6)课堂学习总结。最后教师需要带着学生一起对教学内容进行总结,梳理巩固课堂知识,帮助学生突破重点难点。在整个课中教学环节中,应坚持以学生为中心,给学生足够的空间让学生自行发现问题、解决问题。课中课堂学习环节让学生在合作交流、活动探究过程中进行知识的内化与运用,使学生达成"应用""分析""评价"高阶学习目标,同时提升学生团队的合作能力、分析解决问题能力等。

3. 课后线上巩固环节

课后线上巩固环节主要对课堂知识进行巩固,促进知识的迁移与升华,对于部分知识点还可在这个环节给学生提供拓展学习资源供学生进行学习。这个教学环节主要通过云学习平台进行。

(1)发布课后任务。教师在云教学平台发布课后任务。教师需要提前准备好课后作业及相关资源,资源应具备趣味性,以提升学生学习积极性。

(2)课后讨论反馈。在课后讨论时,教师可以组织学生分享本节课的学习心得和遇到的问题,让大家一起交流讨论。教师应充分发挥引导者的角色,引导学生对问题进行思考、协助学生解决疑难。通过鼓励学生多发言,帮助学生吸收、理解本节课的学习内容,帮助学生克服胆怯心理,培养他们的自信心。如果学生对教师教育教学有什么意见也可在这个环节提出,彰显学生主体地位。教师应根据学生的课堂学习成效以及成果的达成状况,对教学活动进行持续改进,反思教学过程。课后学习环节使学生实现知识的巩固和迁移,同时可以培养学生的综合能力,帮助学生达成"创造"高阶目标。

第四节 翻转课堂模式下的大学英语产出导向法(POA)

一、产出导向法(POA)概述

(一)产出导向法的内涵

产出导向法(Production-Oriented Approach,POA)是中国文秋芳

教授在英语教育领域所提出来的一种创新的英语教育理念。产出导向法的核心提倡"以学习为核心,注重提高学生的效率",强调"学"与"用"相结合[①]。2018年在第三届全国高等学校外语教育改革与发展高端论坛上,文秋芳教授主要就"产出导向法"的最新理论迭代进行了阐述。[②]

经十余载的发展与完善,产出导向法形成了今天的理论体系。该体系主要包括三个部分:教学理念、教学假设和教学流程。产出导向法以教学理念为目的、以教学假设为理论基础、以教学流程为步骤。[③]

1. 教学理念

经2018年修订后,POA教学理念的内容由三项变为了四项,增加了"文化交流说",用"关键能力说"替换了"全人教育说"。[④] 现教学理念共包括学习中心说、学用一体说、文化交流说和关键能力说。

2. 教学假设

教学假设是产出导向法的理论基础,包括输出驱动、输入促成、选择性学习、以评促学四个假设。

(1) 输出驱动

输出驱动认为输出是语言学习的驱动力,以输出为出发点,可以让学生了解自己的不足之处,激发学生学习新知识的欲望。输出驱动,比直接进行输入的教学效果更好。与传统的英语课堂相比,以往传统的英语课堂是"输入—输出"的教学顺序,而产出导向法将输出作为第一步,以"输出—输入—输出"的顺序进行教学,创造性地提出了教学的新顺序,体现了学用一体的要求。

(2) 输入促成

以输出驱动为前提,是为了完成产出任务的促成阶段。此时输入不是直接地接受知识,而是为了完成输出而进行的学习。在这一过程中,

---

① 文秋芳."产出导向法"教学材料使用与评价理论框架[J].中国外语教育,2017,10(02):17-23+95-96.
② 文秋芳.产出导向法:中国外语教育理论创新探索[M].北京:外语教学与研究出版社,2020.
③ 邵荣青.基于产出导向法的大学英语词汇混合式教学设计[J].英语广场,2022(21):106-109.
④ 文秋芳."产出导向法"与对外汉语教学[J].世界汉语教学,2018,32(03):387-400.

第八章　翻转课堂模式下大学英语教学的方法

输入要与输出任务紧密相连。教师输入的材料与内容要与产出任务对接。输入促成的过程要由易到难,层层搭建,这样才能起到促成的作用,有效地扩充学生的现有知识体系,进一步完成产出任务。

（3）选择性学习

选择性学习是指根据产出的需要,在输入材料中根据自身的情况挑选出有利于完成产出任务的部分进行深度的加工、学习和记忆。这应当包括两个层面的选择,首先教师提供给学生的输入材料,是经挑选的,适合学生群体的。其次,学生在教师提供的材料中,根据自己的要求,有选择性地进行学习,能够更高效地完成产出任务。相对非选择性学习而言,选择性学习更能提高学习效果,有利于产出任务的完成。

（4）以评促学

以评促学是文秋芳(2017)新增的假设[①],主张学生在教师的领导下边学边评,主要提出了师生合作评价法,即学生不再是评价的被动接受者,而是评价的参与者。通过自评以及同伴互评等方式来参与评价过程。师生合作评价包括课前,课中和课后三个阶段。课前,选择典型的样本进行讲解和评价,对学生群体的共性进行评价。课中,对学生的表现和反应给出及时的评价。课后,组织学生进行自评以及互评,以达到补充评价结果的作用,其最终的目的是实现以评促学的效果。

3.教学流程

POA教学流程指的是实现产出导向法的步骤,由"驱动—促成—评价"组成的循环链。目前国内教学以单元为教学单位,每个单元包含若干个完整的循环链,整个教学流程将在特定的文化情境中展开,以学生的学习为中心,目的是让学生边学边用,学以致用,提高学生的关键能力。

（1）驱动

驱动是教学流程的第一步,也是产出导向法最独特的一部分。文秋芳(2018)在研究中指出评估驱动质量有三个:交际真实性、认知挑战性和产出目标恰当性。[②]我们的驱动步骤也必须符合这三点。现在国

[①]　文秋芳."产出导向法"教学材料使用与评价理论框架[J].中国外语教育,2017,10(82):17-23+95-96.
[②]　文秋芳."产出导向法"与对外汉语教学[J].世界汉语教学,2018,32(3):387-400.

内的英语课程都是单元教学,在每个单元开始的第一课,我们要给出一个真实的文化交际情景,在此情景中让学生尝试交际与产出,学生尝试之后,明白自身认知水平与目标的差距,意识到自己的不足,使学生产生学习的兴趣与动力,接着教师向学生提出要求与产出目标。此产出目标应具有恰当性,应处在学生的最近发展区。驱动最重要的是让学生意识到自身与目标的距离,明确目标并产生学习的动机与兴趣,让学生主动去学。

（2）促成

促成阶段是产出导向法的中心环节,促成阶段的主要目的是让学生明白产出目标,练习完成产出任务。在促成阶段主要进行以下三个环节：首先要教师讲解如何达到产出目标并说明要求,让学生对产出目标和任务有一个明确的认识；接着指导学生进行有选择性地学习并给学生提供学习材料,为学生完成产出任务提供帮助,应按照一词、一句、一段、一篇章等步骤一步步让学生构建自己的知识框架,夯实基础,同时逐步完成产出任务；最后学生进行产出练习,教师根据学生的错误予以指导并检查。

（3）评价

评价是最后一个环节,也是为巩固以前的产出任务而进行的不可或缺的环节。评价分为两种：即时评价与延时评价。即时评价指的是课上的评价,是针对学生的产出任务给予的评价,评价要有针对性、区别性。学生在收到即时评价之后,可以根据教师的评价进行课后修改,更完美地完成产出任务。但是课上时间有限,并不是可以给予所有学生即时评价,有些评价需要在课后进行,这就是延时评价。延时评价可以给予学生更细致的评价。无论是即时评价还是延时评价,都不能只是教师一个人进行,最好是采用师生合作评价。

综上所述,产出导向法的教学流程,结合了学生需求和教学目标。具有完整性,符合青少年学生心理,使教师能更高效地进行教学,学生也能更高效地进行学习。

第八章　翻转课堂模式下大学英语教学的方法

（二）产出导向法研究综述

1. 产出导向法国内研究述评

产出导向法这一理论体系正式形成以来,引起了国内学者的密切关注,相关期刊论文研究如雨后春笋般涌现,并且逐年增多。笔者查阅了知网(2015—2022年)所载产出导向法的相关文献资料,发现产出导向法的研究内容可分为关于产出导向法的理论研究与关于产出导向法的应用研究。

（1）关于产出导向法的理论研究

通过分析整理文献发现产出导向法的研究主要集中在输出理论、输入理论、教学和师生合作评价等方面。

黄贻宁(2015)在输出促成方面进行了相关研究。她认为促成应包括结构促成、观点促成与语言促成。①

邱琳(2017)提炼出了语言促成的原则,认为语言材料要有选择性和功能关联性,语言类型要促成产出型,语言过程要体现循序渐进原则。通过这些原则能更好地提高语言促成的效果。②

此外,在教学驱动环节,曹巧珍(2017)认为在确定完产出目标和任务之后,应按目标与任务来设定教学环节,以更好地完成驱动。也有学者对POA的师生合作评价的方式和有效性进行研究。③

孙曙光(2017)通过实验提出了优化师生水平的操作、步骤与原则。其步骤：一是共同制定评价目标,二是引导学生发现与解决问题,三是评与讲结合。在产出理论上,产出导向法的理论体系一直在不断更新、完善和丰富。④

---

① 黄贻宁. 读后续写：大学英语写作教学创新实践[J]. 教育评论,2015(6)：127-129.
② 邱琳. "产出导向法"促成环节的辩证研究[J]. 现代外语,2019,42(3)：407-418.
③ 曹巧珍. "产出导向法"之教师中介作用探析——以《新一代大学英语》第二册第四单元为例[J]. 中国外语教育,2017,10(1)：15-22+100.
④ 孙曙光. "师生合作评价"课堂反思性实践研究[J]. 现代外语,2017,40(3)：397-406+439.

（2）关于产出导向法的应用研究

产出导向法的应用研究在近几年广泛地被展开。黄贻宁（2015）首次将产出导向法应用到大学英语课堂教学中,并证明了其有效性后,大量学者在大学英语教学中展开实验研究。

齐品、史晓春（2015）将产出导向法应用在大学英语试听课程中,证明应用产出导向法的测试能活跃课堂学习气氛和激活学生原有知识。[1] 有的学者将产出导向法应用于阅读之中,通过产出导向法的学用一体的理论与产出驱动力引导学生进行自主阅读。也有学者将产出导向法应用于大学英语商务信函写作、对外汉语写作,并证明应用产出导向法在写作教学中的有效性,提高了学生的写作能力。还有学者提出写作导向英语阅读教学的概念,他提出在产出导向法的指导下来进行分析型英语阅读教学。产出导向法在英语教学中的应用研究不断丰富,也证明产出导向法在教学中的有效性。随着产出导向法的有效性不断被证明,说明产出导向法是成功的。

除了应用在英语教学中,POA 还应用在教材编写中,常小玲（2017）验证了 POA 指导下的"教学理论—行动研究"双轮驱动模式对更新教材和完善理论有积极作用。[2]

文秋芳（2017）也提出了产出导向法衡量教材质量的三个标准：教学材料使用过程、教学材料使用概念、教学材料使用有效性评价标准。除了教材编写方面的应用,更有学者将产出导向法（POA）与任务型教学法（TBLT）进行比较。[3]

在理论方面,毕争（2019）认为 POA 在教学设计与目标上更符合大学英语学习者的需求。且产出导向法在教学实施方面也更新颖和具有实操性。[4]

邓海龙（2018）将产出导向法和任务型教学法进行对比之后,指出相比任务型教学法,产出导向法有更多的优势,无论是在教学理念,还

---

[1] 齐品,史晓春.输出驱动下大学生听说实践能力培养的实证研究[J].外语学刊,2015（06）：132-135.
[2] 常小玲."产出导向法"的教材编写研究[J].现代外语,2017,40（3）：359-368.
[3] 文秋芳."产出导向法"的中国特色[J].现代外语,2017,40（03）：348-358+438.
[4] 毕争."产出导向法"与"任务型教学法"比较：教学材料设计与使用[J].外语教学,2019,40（04）：61-65.

第八章　翻转课堂模式下大学英语教学的方法

是在教学假设与教学环节方面,都更符合本土新时代的学生。①

从目前的研究来看,大部分的文献是针对产出导向法的理论。在产出导向法的应用研究方面也是主要研究大学的写作,阅读式视听,而针对产出导向法在英语读后续写中的应用的研究仍存在一个缺口。

2. 产出导向法国外研究述评

产出导向法是文秋芳教授于 2015 年创立的一种新型的教学理论。2016 年,文秋芳教授发表的英文论文被收录在《英语教学观,学生、教师、教法》这一外文文献上,标志着产出导向法开始走向国际。因产出导向法是中国学者创立的理论,在 2016 年走向国外,因此在国外的研究相对较少,主要集中在教学理论、职前教育、教学实施等方面。

在教学理论方面,Ellis(2017)认为 POA 具有完整的理论基础,并对 POA 提出了几点建议:第一,评价体系要根据内容而定;第二,教师要进行 POA 教学模式的培训;第三,要重视学生在合作学习中的习得;第四,要用正确的方法与手段对该方法的有效性进行评估。②

在职前教育方面,Polio(2017)认为 POA 可用于教师的职前培训。他还通过实验得出了几点启示:第一,教师的教学重点要在学生的学习上;第二,教师须要在激活学生现有知识的基础上帮助学习者构建新的知识;第三,教学目标除了知识的理解记忆,还应注重语言的输出,培养学习者学以致用的能力;第四,师生合作共评这种评价方式对学生的学习有促进作用。③

在教学实施方面,Cumming(2017)提出可以将研究范围扩大到更多的教育领域,并对研究的重点是否应该仍停留在大学方面,是否可以尝试将 POA 应用于初学者进行了探讨。④

Matsuda(2017)根据 POA 应用于二语写作的实验得出,POA 颠

---

① 邓海龙."产出导向法"与"任务型教学法"比较:理念、假设与流程[J].外语教学,2018,39(03):55-59.
② Ellis R. The Production-Oriented Approach: Moving Forward[J]. Chinese Journal of Applied Linguistics,2017,40(04):454-458.
③ Polio C. Reflections on the Production-Oriented Approach vis-a-vis Pre-service Teachers[J]. Chinese Journal Applied Linguistics,2017,40(04):464-467.
④ Cumming A. Design and Directions for Research[J]. Chinese Journal of Applied Linguistics,2017,40(04):459-463.

覆了传统的写作学习模式，POA 的输出—输入—输出模式对写作输出有巨大的作用。①

与国内的研究相比，国外的研究更局限，研究范围更小，发展速度也更慢。

二、翻转课堂模式下的大学英语 POA 教学的策略

根据以上实验及数据的分析结果，结合 POA 的理论基础，下面将阐述如何利用 POA 理论指导大学英语翻转课堂的模式。

（一）驱动环节

第一个部分是"呈现交际场景"，教师需要运用自身的创意和语言、视频、图片等媒介让学生体会到真实的交际情境，这就要求教师在课前深入了解学生的兴趣和需求，搜集合适的驱动材料，用大量的输入来激发学生的好奇心或者激活学生的相关背景知识，要求教师与时俱进，具备强大的创新能力。

第二个部分是"学生亲身体会"，教师呈现部分驱动材料之后给学生安排一定输出任务，如回答问题、分享趣事等，运用自己的英语知识完成交际性任务，在此过程中让学生意识到自己对相关英语知识的匮乏，从而激发求知欲。

第三个部分是"教师说明教学目标和产出任务"，需要注意的是英语教学目标一定是要为交际服务的，着重关注解决英语学习中"学用分离"的问题。

（二）促成环节

第一步需要教师描述产出任务，让学生对本节课的学习目标和任务目标有清晰的认知，教师需要告诉学生本节课的学习目标。

第二步是学生进行选择性学习，自主选择产出任务所需要的输入材

---

① Matsuda P K. Some Thoughts on the Production Oriented Approach[J]. Chinese Journal of Applied Linguistics, 2017, 40 (04): 468-469.

料,教师起到支架作用,在学生完成任务的过程中进行指点,鼓励学生进行富有个性的自我表达。这一步是学生将语言形式与意义和使用结合起来至为关键的一步,整个过程教师都要及时对学生的产出结果和使用的准确性进行检查,掌握学生的学习效果。

第三步是产出练习与检查,教师要注意产出任务的循序渐进以及检查的及时性,充分了解学生是否具备完成产出任务的能力,能否充分理解英语规则、准确运用英语。

在促成环节,教师尤其要注意学习中心原则,学习前期,教师起到支架作用,不对学生的学习进行过度干涉,但是也不能完全不指导。如果后期有高水平的学生能够掌握相应的学习方法,教师可以将脚手架的角色交给他们,并鼓励学生自己寻找或者补充输入性材料,给予学生自主探究学习的空间。

(三)评价环节

评价分为即时评价和延时评价,即时评价是对促成环节中学生的产出任务进行评价,教师对产出作业进行有针对性和差异化的评价与指导。即时评价既能帮助学生了解自己的劣势与优势,也能帮助教师调整教学进度,掌控教学效果。延时评价指教师给学生布置课后作业,学生在课外完成之后交给教师进行评价,主要是为了检验学生一整节课的学习成果,也能帮助教师进行反思,改进下一堂课的教学。同时,延时评价分为复习性产出和迁移性产出,这就要求教师掌握学生的水平,布置分层作业。复习性产出要求学生运用课堂上学到的知识完成课后练习题,迁移性产出要求语言水平高的学生完成高难度的作业。另外,评价环节须注意评价的结果要实现合作共赢的目的,师生共同学习评价标准,在评价时采用教师评价、自主评价、生生互评等多种评价方式,确保评价的针对性与差异性,让评价者和被评价者共同受益,让学生从自己同伴的产出任务结果中学会如何学习英语知识,深入理解语法规则,改进自己的学习方式和产出结果。

此外,POA 理论指导的大学英语翻转课堂教学具有针对性,要求教师因教学对象而异,如何选择驱动材料,如何设置产出任务,如何设置分层作业,都基于教师对学生的了解,这对教师创新能力、支架作用的要求尤为突出。基于 POA 理论的大学英语翻转课堂教学模式的流程图如图 8-4 所示。

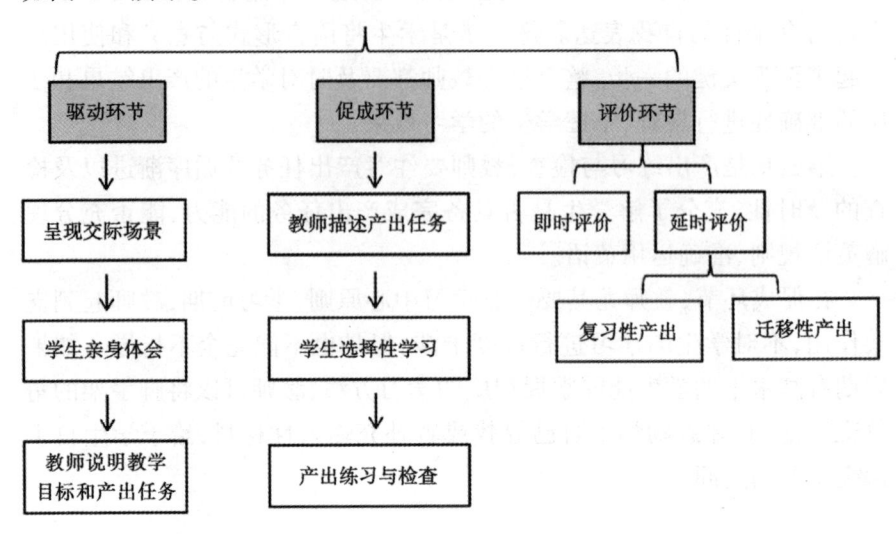

```
                    ┌──────────┬──────────┐
              ┌─────────┐  ┌─────────┐  ┌─────────┐
              │ 驱动环节 │  │ 促成环节 │  │ 评价环节 │
              └────┬────┘  └────┬────┘  └────┬────┘
                   ↓            ↓         ┌──┴──┐
            ┌──────────┐ ┌────────────┐ ┌──────┐ ┌──────┐
            │呈现交际场景│ │教师描述产出任务│ │即时评价│ │延时评价│
            └────┬─────┘ └─────┬──────┘ └──────┘ └──┬───┘
                 ↓             ↓                 ┌──┴──┐
            ┌──────────┐ ┌────────────┐    ┌────────┐ ┌────────┐
            │学生亲身体会│ │学生选择性学习│    │复习性产出│ │迁移性产出│
            └────┬─────┘ └─────┬──────┘    └────────┘ └────────┘
                 ↓             ↓
            ┌──────────┐ ┌────────────┐
            │教师说明教学│ │产出练习与检查│
            │目标和产出任务│
            └──────────┘ └────────────┘
```

图 8-4　基于 POA 理论的大学英语翻转课堂教学模式

第九章　翻转课堂模式下大学英语教学的创新趋势

在推动大学英语翻转课堂教学改革的过程之中,许多学者积极地将生态理论、ESP 理论、课程思政理论融入主题教学环节。通过不断采取创新的教学手段,他们积极推动教学资源的优化利用。将生态教学、ESP 教学、课程思政教学融入大学英语教学符合时代发展的要求,能够提高学生的综合素养,实现人才培养目标与时代发展之间的紧密联系和互动。在此背景下,本章以翻转课堂模式下的大学英语教学为中心,具体分析上述几大理论指导下的大学英语教学改革的相关策略,旨在为促进我国的大学英语教学质量和水平的提升提供一定的借鉴。

第一节　翻转课堂模式下的大学英语生态教学

一、生态教学概述

（一）教学的生态本质

教学可分为狭义教学和广义教学。狭义教学就是人们常常提起的教学，即学校开展的教学活动，指在学校空间范畴内，在教学目标的规范下，教师把知识技能传授给学生的活动，学生不仅能够学习知识理论，还能够激发积极的情感态度和价值观，让自己的身心得到全面发展。广义教学具体指学和教相结合的活动，即由教的人和学的人共同开展学习活动的过程。但无论是哪一种教学，它都包括非常多的成分，如人的成分，即学生、教师以及有关职员；物的成分，即教学环境、设施、内容等，说明教学本质上是一个五花八门、复杂多变，包括多种成分的系统，是充满活力的过程。

对"生态"的历史进行回顾，发现它的内涵是不断拓展的。"生态"这个词语的产生比较晚。1858年，博物学家梭罗最早提出"生态学"这一概念。1865年，德国的动物学家雷特儿，把希腊文的 oikos 和 logos 进行了组合，产生了 ekology，即生态学，意思是"住所的研究"。到1866年，德国动物学家海卡尔赋予了生态学一个鲜明的概念，即"研究有机体和四周环境间关系的学科"。但现在的"生态"早已有了更广泛的内涵。从字面上剖析，"生"就是有生命，代表能生长的事物在某个环境下成熟、发展；"态"则是外貌，即形状、姿态等。选择从方法论和生态世界观方面着手，那教学活动系统的最根本特点就是生命性或生态性，它不是固定不变的物质系统，而是富含蓬勃生命力的动态发展的生态系统。教学的生态性是教学的内在特征，教学走向生态化发展的道路是因为教学本身具有生态性。

第九章　翻转课堂模式下大学英语教学的创新趋势

(二)教学的生态特征

教学生态系统是一个特殊的存在,该生态系统有五个生态特点:生命性、整体性、开放性、动态平衡性、共生性。

1. 生命性

生命性是生态系统的基本特征。教学是教师展现自己人品素质、知识才华以及提高自身生命价值的过程,也是学生建立情感态度价值观、学习知识理论以及提升自身生命品质的过程。教学过程一直是一个充满活力和希望的过程。生命性同样是教学生态性的最根本特征,教学过程全程都存在生命的跳动音符,弹奏着生命的节奏,教学就相当于一首生命歌曲,没有生命,就不会有教学,教学的根本就是生命。

第一,教学过程中的学生、教师都是有生命的人,他们是教学的根本,是不同于客观"物体"的真实存在的人。

第二,学生和教师的生命支撑了教学活动的顺利进行,因为存在学生和教师,教学才能有规划、有组织地实施,教学活动才能顺利进行。

第三,教学富有浓厚的人性关怀特征。教学不单单是学生和教师智慧的摩擦,还是学生和教师情绪的交流和沟通,教学的独特性使得教师和学生建立了特别的感情。教学拥有非常多人性化的元素,不是一成不变的、"非人性"、工具化的教学。

第四,教学是推动教学主体生命发展的教学。这意味着教学的最终目标是探索教学主体的生命发展,教学有促进学生和教师生命发展的作用,特别是学生的进步。

综上所述,教学的基点是生命,教学的最终目标也是生命,不存在没有生命的教学。

2. 整体性

生态系统的重要特点是整体性,它涵盖很多内容,且只有各个内容都有发展,生态才会顺利发展,假如系统中的某个层面出现问题,那影响的不仅仅是该层面,整个生态系统都会受到影响。教学是一个包括很多复杂成分的系统,该系统的各个成分之间会互相支持、互相影响、互相联系,各成分之间的合作协调,推动了教学整体性的进步。因此,教学的生态特点之一是整体性。

第一，教学本质是一个整体，由多种成分汇集形成。教学生态系统包括很多种复杂的成分，这一点和自然生态系统一样，成分的存在构成了生态链，一旦说"链"，就代表出现一个整体，具备整体性且不能分割。教学整体大致分成七个部分，即学生、教师、教学目标、教学内容、教学方式、教学环境、教学评价，这七个部分构成了教学链，即一个完美的教学过程。

第二，各成分共同发挥作用才能推动教学的进步。正如自然生态的各成分都具有自己的"生态位"一样，教学的七个部分在教学中的地位和作用都不一样，但每个成分都不能缺失，一旦缺失某个成分，教学的效果就达不到预期。学习的中心是学生，一切教学成分都要围绕这一中心部署安排，且学生能够体现出教学品质的好坏和效果的高低。教学的主体也有教师，在教授这个环节中，教师引领整个教学过程，合理调节教学中的各成分，确保整个教学过程能够顺利进行，并力争达到最佳的教学效果，所以整个教学中也不能忽视教师的作用。教学目标限制和规范教学整个过程，在教学过程中具有至关重要的作用。即使教学目标限制教学内容，内容也要符合学生的身心发展阶段，满足社会发展需求，教学内容是教学活动的重要部分，不存在没有内容的教学。教师在设计组织教学内容时，要用到教学方式，学生自身的感情、思想、能力、理论均离不开教学方式，教学方式有助于教学目标的达成。教学环境能细化成精神环境和物质环境，关系教学活动能否顺利进行。友好的教学环境能推动教学实施，反之则会对教学目标的达成起阻碍作用。教学评价有助于教学的改进和完善，能反映教学效果，合理的评价会推动学生的进步，让学生获得全方位的发展。

3. 开放性

生态系统的另一个重要特点是开放性，它也是教学生态特点的重要表现之一。可以从以下四个方面理解教学的开放性。

第一，教学主体。教学主体包括学生和教师，即教学的参与者，学生和教师的思维以及想法都体现了主体的开放性，每个人都是独立的生命，他们的成长环境不一样，家庭氛围也不一样，导致受教育之前的基础水平存在差异，所以每个人的交际方法、学习方法、思考方式等都存在显著差异。

第二，教学目标。教学目标分为最终教学目标和阶段性教学目标，

第九章 翻转课堂模式下大学英语教学的创新趋势

根据最终目标,学校每个阶段都制订详细的教学目标,这些目标不是固定的、早就设立好的目标,而是开放的,即由学生和教师根据实际情况共同设立的目标,一切阶段性目标都是为了最终的教学目标。教学目标的多样性也充分体现了开放性特点,不光是知识理论有教学目标,学生的价值观、世界观、情感态度等都有自己的教学目标。

第三,教学内容。教学目标决定了教学内容,教学内容的多样性源于教学目标的不同。教学内容有两个方面体现开放性:一是来源具有开放性,教学内容通常都是历史长河里积累下来的文化知识,文化领域自身就具备广阔性和开放性,所以教学内容的来源是开放的;二是内容具有开放性,教师在讲解教学内容的时候,常常会夹杂自己的主观想法和见解,所以学生学习的内容不仅仅有教材上的知识,还有教师的理解和观点,这些才是学生最终获得的理论知识。

第四,教学环境。教学效果的高低易于受教学环境的影响,而教学环境又被外界条件限制,无论是精神环境,还是物质环境,都具有开放性特点,在教学中都可以被使用,这就表示教学一定要在友好的教学环境下进行。完善精神环境,可以通过班级团结一致、校园学习小组等方式进行。优异的物质环境,则可以利用教室的温度、装饰、设备摆放等方法进行创造。

4. 动态平衡性

如果一段时间内,生态系统中的各个生物群体之间、生物和环境之间,能够利用信息交换、物质循环、能量流动,让各自的状态和关系保持在协调一致、相互适应、高度和谐的状态,那该状态就可以称为生态平衡。必须要注意的是,生态平衡是一个不断变化的动态过程,保持生态平衡不单单是保留原有的稳定结构,更是要在人力的作用下,构建一个新的平衡状态,让生态结构更加稳定合理,可以发挥出更大的作用以及收获更多的生态效益。生态系统整体和各个组成成分进步和进阶的原因就是,从平衡到不平衡,再从不平衡到达新的平衡,在这样一个周而复始的过程中发展进步。

教学体系和自然生态环境类似,课程体系是一个相对开放的体系,教育则是在动态平衡中不断探索成长的历程。

首先,课堂教学是教师为学生讲授内容的过程,是与学生进行沟通的过程。在这一过程中,教师和学生都是教学的参与者,课堂教学是二者的沟通过程。在沟通过程中,二者之间会产生许多矛盾和不协调。发现并解决这些问题,可以达到教学的目的,也只能在暂时出现均衡的状态下实现。这有助于学生与教师达成合作与一致的状态。所谓的教学就是在这种循环的过程中,不断寻找维持平衡的方法,教学的过程就是:出现矛盾—解决矛盾—平衡状态—发现矛盾—解决矛盾—新的平衡状态,依此规律进行循环。

其次,教学本身就是一个持续发展的过程,在这个过程中不断寻找维系平衡的方式。在平衡与不平衡的状态上反复横跳,这是一个教学发展的轨迹。也正是这些不平衡的状态,才推动了教学向平衡的方向发展。

5. 共生性

共生性是自然生态一个非常重要的特征。生物与生物之间的共生性,主要包括两种:互利共生和偏利共生。互利共生就是指生物与生物之间的联系对双方的生存与进步都有促进和积极的影响;而偏利共生则是指生物与生物之间的联系只能促进单方的生存与进步,通过另一方的牺牲来换取一方的发展。

当然,整个教学过程中也存在这种共生关系。

首先,体现在学生与教师之间的关系上,这种关系就是典型的互利共生的关系。在教学活动中,教师运用自己的丰富学识,传授知识技能,展现个人才华,在此过程中实现、提升了个人生命价值,学生在此过程中收获学识、掌握技能、培养合理的感情、提升自己的生命价值。教师只能通过在教学活动中,对学生进行耐心的教育,使学生得到全面发展,教师的价值才能体现出来。那么,学生的发展目的如何实现呢?作为学生,在教师合理的指导下,与教师一起积极主动地参与各种教学活动,这样学生才能实现良好的个人发展。因此,学生与教师是互相帮助、相互依附、合作共赢的关系。没有了学生,教师的价值就不能很好地体现,离开了教师,学生也没办法得到良好的发展。

其次,主要表现在学生与学生之间的关系上。学生之间是相互竞争与相互合作并存的关系,所以学生与学生之间不仅仅存在互利共生的关系,又存在着偏利共生的关系,学生彼此之间的合作以及竞争贯穿了整个教学过程。所谓竞争关系,体现在学生之间一方成功,则另一方失败,反之,道理也一样,这就是偏利共生关系的体现。但是这只是暂时的,虽

第九章　翻转课堂模式下大学英语教学的创新趋势

然竞争关系是一种偏利共生的关系,但是在某种意义上来讲是一种好的现象。通过双方的竞争,能够使二者之间不断地取长补短,促使双方共同发展,从这种意义上来说,双方都从中获得了利益,通过竞争关系获得了利益,那么竞争关系又变成了互利共生的关系。合作关系是一种较为常见的互利共生关系,也是最普通、最普遍的互利共生关系。学生为了共同的目标进行合作、交流、共同学习,每一个人也都坚持不懈地贡献出自己的力量,大家互帮互助、共同进步,每一次任务的完成,都投入了学生们的汗水。由此可见,合作学习对于学生双方来说是一种双赢的学习方式,能够使双方共同获得利益。

二、翻转课堂模式下的大学英语生态课堂构建的策略

路径即道路,指的是通向目的地的路线。本书中所提到的重构路径指的是重构大学英语课堂生态平衡的思路和方法,具体地说,就是通过发挥信息技术作为主导因子的引领作用、调整课堂生态因子的生态位等方法,优化课堂生态结构和功能,促进课堂生态的修复。

(一)发挥信息技术作为主导因子的引领作用

在发展教育过程中一定要充分重视信息技术的应用,它不但能促进教育模式的演变,还能产生革命性的影响。正确理解信息技术在基于信息化的大学英语教学改革中所占的生态位对于解决由广泛应用信息技术导致的课堂生态失衡问题至关重要。修复这种失衡状况对调整课堂生态中其他因子的功能结构以及信息技术的引领作用都将产生积极的效果。

当前,大学英语教学信息化进程要从政策上加大推进力度,使信息技术的引领作用得以有效发挥。外语教学丧失生产活力后一直处于一种"死"平衡状态,该局面在十年前被打破,外语教学的模式得以改变。为了有效推进大学英语的信息化改革进程,教育部门采取了多种措施,出台了有关文件,制定了有关政策,这不但是大学英语教学改革的内在需求,也是教育信息化趋势下的必然要求。不过,这在很大程度上也扰动了课堂生态系统,造成失衡局面。要想使教学系统实现新的动态平衡,形成耗散结构,实现远离平衡区域下的课堂生态突变,结合课堂各

要素的协同力量,就要趁热打铁,继续采取相关举措来推进信息化教学改革。在改革的过程中,系统又处于一种线性区域的失衡状态,信息技术的引领作用也不易发挥出来。大部分高校不再那么坚持大学英语信息化教学改革的推进,究其原因,还是因为部分主管领导过度解析系统失衡等教改反馈信息。必须强调的是,失衡也分为不同的程度,在接近临界点的区域系统因协同作用的合力,最大化产生突变的结果即为较大程度的失衡;外力作用导致开放系统在线性区域周围产生大幅度的波动即为中等程度的失衡;根据时间的变化在线性区域开放系统取得的接近平衡以及孤立系统临近非动态的平衡即为最低程度的失衡。而平衡是相对的,若要使系统新的平衡得以实现,应当在充分掌握对发展教育产生革命性影响的信息技术的基础上,认识到某一阶段产生的中等程度乃至较大程度的失衡是教学系统不可避免的状况,这时候就需要运用外部力量来进行主动干预以及发挥信息技术的引领作用。

（二）调整课堂生态因子的生态位

生态位理论认为,生态系统中的种群或物种个体都具有自己的生态位,即一定的时空位置和功能,并以此保持系统的正常运行。教育生态学视界中的生态位主体并不局限于种群和物种,而是包括系统的所有组分。所以,规则制度、课堂布局、信息技术、教学方法、教材、学生以及教师等这些课堂教学生态中的要素均有其生态位。作为课堂主导因子的信息技术是在介入外语课堂教学后慢慢演变过来的,而系统的失衡以及各组分间的和谐关系也深受系统内部生态位特征、分离以及重叠等问题的影响。

教师的生态位在信息化语境下需要进行调整。就传统课堂而言,学生学习知识主要来源于教师,教师充当着知识的生产者、转化者;而就信息化课堂而言,知识的生产者、转化者不再仅是教师了,还可以是学生本身、多媒体课件、网络资源。相较于传统的生态位来说,既有重叠部分,也有竞争排斥现象。这种生态位的重叠以两方面的体现为例:其一,学生可以通过对网络论坛、知识搜索引擎的运用来代替教师用以解答学习中出现的问题;其二,网络自主学习导致学生在课堂上听课不用心或者直接逃课,因为在网上自学就可以掌握课堂上要学习的内容。在这种情况下,就要求教师对新的课堂身份主动探索,对"解惑、授业和传道"

的传统角色加以转变。不仅如此,生态位特化也是现代信息技术的应用中教师面临的一个问题。得益于现代信息技术的发展,教师的教学课件可以通过网络下载,还能利用音频文件来教学生发音。但以往的教师备课就没有这么简单了,为针对某个单词的用法进行讲解,要在课前通过仔细查阅字典,找到合适的例句后记下来,以便课堂教学使用。繁杂的备课有助于教师的专业发展,丰富的资源导致了生态位特化,使教师的专业发展受限,对此我们应当加以重视并进行调整。

　　学生的生态位在信息化语境下也需要调整。学生的功能、地位在外语教学信息化的推进过程中变化明显,他们有了新的角色定位,如知识的生产者、分解者,生命价值的实现者,知识的主动建构者,而不再只是被动的知识接受者了。现在课堂以学生为中心,不再像传统课堂那样以教师为中心,那么对应地就要调整学生的地位和角色。这就要求学生在和谐平等的师生关系的建立上更具积极主动性,要求学生在进行网络自主学习的同时也不能忽视课堂活动的作用,要求学生加强自主学习意识。不仅如此,据生态学的竞争排斥原理,当一定的生态位空间被两个及以上的物种一起分享时,一个物种会挤占乃至完全占领另一个物种的空间,生态位被迫产生分离的竞争排斥现象就会出现。外语教学通过借鉴该原理,应一边为防止学生间竞争过于激烈采取个性化、差异化的培养方式,另一边为使得学生的斗志得以激发也要保持适度的竞争。这一方面有助于学生选择感兴趣的课程,以及选择符合自身学习风格的教师;另一方面,可以帮助学生对自身的生态位加以明确,或多或少可以防止同学间由于竞争过于激烈而造成生态位重叠。这些都是基于信息化的个性化教学、分级教学产生的积极影响。

第二节　翻转课堂模式下的大学英语 ESP 教学

一、ESP 教学概述

　　随着国际化交流的不断发展和深入,专业技术人员在专业领域内的跨文化交流能力越来越重要。培养具有较高专业技术水平以及英语应用水平的"专业+英语"的国际化复合型人才成为我国高等教育的新目标。专业英语教学对培养毕业生专业领域内的英语沟通及应用能力起着重要的作用。

ESP 是 English for Specific Purposes 的简称,中文翻译为"专门用途英语"。这一门学科起源于 20 世纪 60 年代,是建立在英语知识与专业需求基础上的应用型学科。在我国,当前很多院校兴起了大学英语 ESP 教学,因为其应用性极强,所以受到了各大高校的重视。

(一)ESP 的定义

ESP 教学法全称为"专门用途英语(English for Specific Purposes),"它是指适应某一特定专业而使用的英语语言及教学。ESP 兴起于 20 世纪 60 年代,它以功能主义语言观为基础。在 20 世纪 60 年代以后,西方陆续出现了关于 ESP 理论的相关著作。

韩礼德(1963)对 ESP 作出的定义为:"English for civil servants; for policeman; for official of the law; for dispensers and nurses; for specialists in agriculture; for engineers and fitters."

哈钦森和沃特斯(1987)进一步丰富了 ESP 理论,将其划分为以学习学科知识为主要目的的学术英语(EAP)和以职业需求为主要目的的职业英语(EOP)。

斯蒂文斯(Strevens,1988)在此基础上进一步明确了 ESP 理论的四个主要特征:(1)课程设置必须满足学生的特定需求;(2)学习内容必须与特定学科专业和职业相关;(3)词汇、句法和语篇与特定专业、职业的语言运用相符合;(4)与普通英语完全不同。

20 世纪 70 年代,ESP 在我国逐渐受到关注,杨惠中(1978)将科技英语与普通英语进行区分,提出了专门用途英语的概念。

张义斌(1985)将 ESP 理论与 EST 进行了对比,进一步明确了 ESP 理论运用的环境与条件。20 世纪 90 年代后,随着经济的对外开放与国际交流的需要,对于复合型人才的需求越发明显,ESP 教学法成为英语教学中的热点话题。然而,受制于我国特殊英语教材及教学资料的缺乏,以及特殊英语教育教学人才的短缺,将 ESP 理论应用于大学英语教学实践任重而道远。

第九章　翻转课堂模式下大学英语教学的创新趋势

(二)ESP 教学基本原理

ESP 教学法旨在以学生的专业、职业、兴趣为导向,进行特定学科的英语教学。根据克拉申"情感过滤假说",语言的学习受情感因素的影响较大。学生通常对自己所选择的专业、职业具有较大的兴趣与较为深入的理解,因此对于语料、语境与教学素材均较为熟悉,在进行与本专业相关的二语学习时,能在一定程度上避免情感冲突。ESP 教学法能够更好地将学生的专业学习与社会求职需求相联系,帮助学生在夯实专业基础的同时,具备本专业双语交际能力,克服 EGP(English for general purpose 通用英语教学)所带来的"哑巴"英语现象。ESP 教学法主要实施阶段为大学阶段,本阶段学生经历过多年 EGP 教学,英语听说读写及语法基本素养已经养成。在此阶段的学生,通过 ESP 教学法,有针对性地进行与本专业相关的词汇、对话训练,并阅读大量与本专业相关的学术材料,语言综合能力将会得到提高,学生也能更好地适应就业市场。

二、翻转课堂模式下的大学英语 ESP 教学的策略

(一)课前的预习及准备阶段

制订教学目标和教学内容,明确教学的重点和难点。根据 ESP 和翻转课堂的特点,教师在制订教学计划时应将基础知识安排在课前的学习阶段,而专业知识的运用则安排在课堂讨论阶段。

1. 制作教学课前视频

教师应根据教学单元的要求,采用微课及微视频等形式,将知识做成小视频,以丰富教学内容。教学视频的内容应包括专业知识背景、专业英语词汇、语法知识、案例分析等。

2. 课前沟通讨论

课前学习内容和要求可通过 QQ 群、微信、腾讯会议或是钉钉等方式发布。发布后,教师还可以在开课前一天及时掌握学生的信息,同时

针对某些问题进行初步的交流。

(二)课中的教学及互动阶段

1. 检查学生课前预习效果

教师应在开课前通过提问或是小测验的方式对学生预习效果进行检查。一方面通过这种问答的方式让教师掌握学生的学习程度,另一方面可以督促学生完成课前的学习。课上,教师讲解课程的重点和难点,在了解学生的原有知识状况和技巧后,对学生采取"导""联"的教学方法,用富有启发性的教学方式和教学语言多角度地启发学生,使之发生多方联想而有所感悟。此时,教师要考虑教学难点的多样性、思维方式的多向性,采用丰富多样的引导方法,以便加深学生对相关知识点的理解。同时,教师还需要考虑应用及专业知识的拓展,如 ESP 也需要结合到专业知识上进行讲授。

2. 课堂讨论以便学生相互学习

根据教材内容的难点、重点、易错点,让学生探究并进行分组讨论。学生可以在"辩论"中增强自信,拓展教材内容。讨论结束后,上交书面讨论结果或是公开发表意见,这样不仅复现了已有的知识,而且对新知识进行了创新,可以达到将学习的内容应用到实践的目的。此外,教师要根据每组的共性问题进行解答,再巡回解答各小组的特定问题。在课堂接近尾声阶段,教师要及时了解学生对知识点的掌握程度,以便改变学生培养模式和优化课程体系。

(三)考核和评估

根据精心设计的课程进度安排,对学生在每个章节的学习内容进行全面而细致的考核。这种考核不仅是对学生知识掌握程度的一次检验,更是为了督促他们更加深入地理解和记忆 ESP 词汇。通过定期的章节考核,希望能够有效地提高学生学习 ESP 词汇的效率,帮助他们建立起扎实的专业英语基础。同时,这种考核方式也有助于激发学生对 ESP 学习的兴趣,培养他们的自主学习能力和解决问题的能力,最终目标是培养出既具备专业知识,又精通英语交流的专业创新人才,以适应全球化背景下对复合型人才的迫切需求。

第三节 翻转课堂模式下的大学英语课程思政教学

一、课程思政教学概述

课程思政是我国高等院校教育的一种独特教育理念,是对新时代人才培养提出的新要求。我国的高等院校一直以来都承担着为国家培育优秀人才的使命,即使在战乱年代都不曾停歇。进入新时代以来,国内外的环境发生了重要的转变,我国逐渐从发展中国家向发达国家迈进。这样重要的历史时期,对整个教育系统尤其是高等院校都提出了更高的要求。人才是一个国家安身立命的重要根基,而对人才的思政教育更是教育的重中之重。思政是高等教育中非常有代表意义的一个重要部分,将思政教育贯穿高等教育的始终是国家培养人才的必然要求。

(一)思政教育的提出

到目前为止,课程思政已经经历了三个发展阶段,分别是:2005—2009年在上海试执行的"两纲教育"、2010—2013年开始全面推行的"德育一体化"教育和2014年至今形成的成熟的思政课程教学体系。

2016年12月,习近平总书记强调了高校思想政治教育的重要性,并指出思想政治理论课要坚持在改进中加强,提升思想政治教育的亲和力和针对性,以满足学生成长发展的需求和期待,使各类课程与思想政治理论课同向同行,形成协同效应。

习近平总书记的这番讲话为高校的工作指明了方向,尤其是针对思想政治的教育工作,提出了特别的要求。这足以证明思政课在高校的教学中占有非同寻常的地位,是人才培育的基本前提。此后,思政教育成为我国高校人才培养和课程教育的重要指导思想。

思政课程的提出还与当时的时代背景有着密切的关系。21世纪以来,经过改革开放40多年来的建设与积累,我们国家在各个方面都取得了飞跃式的发展,这不仅进一步凝聚了民族自信心,而且让世界各国对中国的强大产生敬畏之情。但是国家的发展之路仍然充满挑战,为了实现中华民族的伟大复兴,为了实现从大国向强国的转变,未来的路还任重道远。正因为如此,国家对人才的培养也提出新的要求。

因此,国家提出了"课程思政"的新型教学模式。课程思政主要是指以强化思政教育为目的,在各个学科内都要有机地融入思政教育内容,从而一改往日生硬的思想道德和政治水平培育的方式。

(二)课程思政概念的界定

课程思政是对高校人才思想政治水平的一种基础教育,是将正确的政治观和思想潜移默化地融入学生的日常生活和学习中,从而指导他们今后的工作和人生的选择。而且,当代青年学生由于出生、生长在新中国经济飞速发展时期,他们从小生活在社会和平稳定、生活安逸、物质充沛的环境中。一般而言,过于安逸的生活境遇会让人从精神上产生懈怠,长远来看,这并不利于我国持续的发展。因此,国家需要在高校教育中加强对青年学生的思政教育,促使他们形成正确的价值观和健全的人格。在具体实行的过程中也显示了其优越性,并继续在目前的思政教育中发挥着重要的作用。

由于学界对课程思政的概念一直没有给出明确统一的界定,这种情况对于高校实行课程思政工作也带来一定的障碍。但是,目前存在的对课程思政的概念界定比较有代表性的一个,是北京高校孙蚌珠教授的观点:"思政课程是思想政治理论教育的课程体系,而课程思政则是教学体系。"这种说法很好地揭示了课程思政和思政课程之间的区别,对思政课程的概念进行了界定。

(三)课程思政的要求

1. 以高校党委为政治核心

思想政治教育工作属于党委的工作范畴,因此高校的课程思政应该以校党委为核心,负责开展各个院系和学科的思政教育内容和安排。以

第九章　翻转课堂模式下大学英语教学的创新趋势

高校党委为政治核心开展课程思政具有以下几方面的优势。

（1）高校党委部门具有管党治党的主体功能，可以调动学校的行政、教学等各个部门的人力资源、物力资源，具有最高的众筹权利，因此可以将课程思政工作彻底地进行。

（2）高校党委在思想建设、组织建设和制度建设等方面具有明显的优势，是最有能力执行课程思政的部门。

（3）高校党委作为课程思政建设的主体，能够准确把握党和国家对课程思政的精神，能够卓有成效地切实贯彻和落实课程思政的要求。

2. 发掘课程中的思政资源

根据课程思政指导思想的核心要求，在各个院系的专业课程中进行课程思政的优化，要求教师在授课过程中不仅教授专业知识，而且要将思想政治与专业课知识融会贯通、有机地结合，让学生得到全面的成长，使"教书"和"育人"完美地结合，形成一套科学有效的教学模式。但是要实现这一目标，达到理想的效果，需要教师选择最合适的角度，与思政内容相结合，采取合适的方式进行教学。

这就需要教师提高自身的专业修养和思政水平，在日常的工作和学习中，不断拓宽自身的知识和视野，在努力提升专业能力的同时，还要注意加强对思想政治的学习，并将其整合进自己的教学内容中。在掌握和整理学科知识体系的基础上，将德育内容放在重要的位置，让学生在专业知识的学习中提升思政知识和意识。

3. 注重教师队伍的建设

课程思政教学模式的推进，除了需要根据国家的精神指导，以及校党委的具体统筹安排之外，更重要的是加强教师队伍的建设。因为教师是实践思政课程的第一人，他们在讲台上需要真正落实国家课程思政的要求。教师的实际授课将直接影响思政融入专业知识的效果以及学生对课程思政的接受程度。因此，教师的思政水平至关重要，为了提升教学质量和教学效果，必须从教师队伍的建设抓起。

4. 协同发挥"课程思政"和"思政课程"的作用

课程思政教学模式是对原来强调专业教学的模式进行优化和创新，将思政内容融入专业课程中，在各个科目的教学过程中，引导学生从一个崭新的视角观看世界,这是对学生发散思维的训练。与此同时,课程思政还需要与思政课程相结合,以产生更好的效果。加强二者之间的交流,协同发挥二者的作用,有利于达到更加理想的育人效果。

(四)课程思政的意义

课程思政对我国高等院校的人才培育而言具有深远的意义。过往对人才的需求由于受到历史、国情等多方面的原因,更加注重对人才的专业技能的培养,而随着国家发展战略的调整,未来人才的竞争会异常激烈,社会对人才的要求也会越来越高。

1.课程思政是立德树人的必然发展路径

(1)是教师开展思政教育的必然途径

立德树人是人才培育的根本,是高校教育建设的基本指导思想。在高校的思想政治工作中,人才的思想政治教育一直都是非常重要的环节,但是之前的思想政治教育,仅仅是通过思政课程来实现。一个人思政水平的养成和提高,需要漫长的过程,仅靠一门课远远不够。因此,在落实国家提出的立德树人根本任务的过程中,提出课程思政的创新理念,将思政元素有机地融入每一门专业课程中,这才是全面提高人才思政水平的重要途径。

(2)是人才开阔视野的必经路径

高等院校是学生进入社会前的最后一站,是为日后参加社会建设作准备的重要阶段。经过多年的挑灯夜战与寒窗苦读,莘莘学子已经掌握了一定的专业知识和技能,憧憬着进入社会后要作出一番事业。然而,若要真正成为对社会有用的人才,仅有专业知识还远远不够,因为社会竞争是多元的,也是复杂的。因此,如果青年学生不具备坚定正确的思想政治觉悟,将会面临许多的考验,甚至在不经意间就误入歧途。因此,高校学生在正式进入社会之前,迫切地需要一个有效途径来全面地提升其思政水平。

2.课程思政是思政教育的必然发展方向

最初的思政教育都是以思想政治课为主要形式开展的,因此更多的是对思想政治的理论内容进行深入讲解。然而,仅仅"纸上谈兵"并不

第九章　翻转课堂模式下大学英语教学的创新趋势

是理想的思政教育。因为学生需要在各种具体的、生动的环境中才能深刻理解思政的真正内涵。所以,课程思政的理念就是针对原来这种理论性较强、但实际效果欠佳的局面而提出的。

通过课程思政模式,将思政教育融入各个学科的教学中,在专业课中深入挖掘思政元素,将系统的思政教育碎片式融入专业知识的学习中,这对思政教育的应用性和持久性十分有益。

3. 课程思政是培养高级人才的必然选择

未来社会,需要的是全面发展的高级专业人才,也就是说,人才不仅要具备专业知识与技能,还要具有独立的人格和坚定的思政水平。能够在复杂的社会竞争中保持强势发展状态,这就需要在高校学习期间接受立体的、全面的教育,仅靠书本知识显然并不能满足高级人才的发展需要。

二、翻转课堂模式下的大学英语课程思政教学的策略

翻转课堂彻底颠覆了传统教学模式的结构与流程,并以此带动课堂管理模式、课程体系设置及教师角色定位、课程考核方式等一系列变革。目前,很多教师运用翻转课堂模式进行课程教学,提升教学质量,翻转课堂已成为我国高校教育领域课堂教学改革的重要标志。虽然一些教学观念比较先进的教师在课程授课过程中,会有意识地融入对学生进行价值引导的思政内容,但是由于缺乏完善的理论体系,导致这些内容存在碎片化问题。因此,就需要采取恰当的策略来实施基于课程思政的大学英语翻转课堂教学。

(一) 以学生为主体,以教师为主导

打破大学英语传统讲授式教学模式,利用翻转课堂模式开展大学英语教学,把课堂交给学生,做好课前、课中、课后各个环节的设计,引导学生由被动学习转变为主动探索。课前设定好课程目标、问题及任务,引导学生组建团队、协同合作并进行"头脑风暴"。在云平台根据学生兴趣点、学习情况创建讨论组,引导学生围绕话题搜索相关资料,将讨论结果制作成PPT在课堂上汇报。其他组学生可参与探讨,进行质疑,

提出建议,教师最后进行评价。课后,小组可以根据评价和建议继续搜索、整理、修改、完善,之后将成果提交到云平台,审核通过后可进入下一环节。整个过程学生始终以主人翁的角色参与课堂学习,发表观点,积极主动探讨并解决问题。[①]

教师需对我国教育政策、法规有准确深刻的理解,将思政要素分解为文化传承、学习精神、职业规范、团队协同、审美体验、专业素养、人机协同、跨界融合、共创分享等具体要素,挖掘其中能与大学英语课程思政结合的育人元素,吸收国外翻转课堂经验,结合大学英语课程教学具体情况,选择合适的大学英语课程思政案例,运用先进的大学英语教学模式。教师在大学英语教学中应启发学生思维,将专业知识结构、技能要求进行模块化、碎片化分解,找准课程思政切入点,提炼育人元素,融入思政教育元素,实施翻转课堂教学模式,让学生不再受时间和地点的限制,随时随地进入英语学习状态,以此促进英语知识与技能、过程与方法、情感态度价值观目标的达成。

(二)线上线下相结合

大学英语交互设计课程具有技术性、艺术性、前沿性特点,实践性较强,对于学生来说学习难度较高,要求学生运用互联网思维、逻辑思维、商业思维进行作品创作。该课程要求学生持续关注和解决用户需求,接受用户和市场反馈,与时俱进了解时事及人们关注的对象,进行需求分析和更新迭代设计。课程特点在一定程度上影响了教师的教学方式,促使教师运用多元化教学方式,以提升教学质量。

一是开展大学英语线上线下混合式教学。丰富的线上教育资源是开展混合式教学的前提。交互设计课程线上资源包含教师录制的微视频、课件等资源,以及现有国家级、省级精品在线开放课程资源。大学英语教师应合理选择线上教育资源,安排学生进行课前学习,在线下课堂根据学生线上学习情况开展针对性教学,解决学生的共性问题,保证线下教学质量。大学英语教师可以根据学生线上学习数据,精心设计课堂活动,让学生将线上学到的知识在设计实践中进行运用,检测学习效

---

① 谭浩.交互设计正在建立自己的理论和方法范式[J].设计,2019(08):57-58.

第九章 翻转课堂模式下大学英语教学的创新趋势

果,从而查漏补缺、温故知新。[①]

二是优化大学英语教学管理。可以利用线上教学平台建立线上教学数据库,依托网络平台与学生进行互动,对学生进行管理。学生可自主安排时间学习线上教育资源,课程负责人和助教分别负责监测学生学习进度,确保学生课前在线下讨论并完成对应章节的学习任务。教师可通过在线签到、答疑、知识评测环节把控学生知识学习进度及知识掌握程度,对薄弱环节强化训练,有效设计进阶课题。为更好地检验学生的学习效果,教师还需要精心设计课后作业。任课教师、助教共同记录、评价学生在线下讨论时的表现,了解学生的学习情况,批改学生提交的课程作品及课题汇报。在评价环节,结合学生的线上学习情况和线下课堂表现,对学生进行客观、全面的评价,使得学生选课、日常测验、学习进度跟踪、课程考试等融为一体。

三是优化大学英语课程考核方式。课程考核成绩由平时成绩(占总成绩 30%)和期末成绩(占总成绩 70%)构成。平时成绩包括出勤(占总成绩 10%)、平时作业(占总成绩 10%)、线上资源学习和互动(占总成绩 10%),期末成绩包括设计报告(占总成绩 20%)、期末作品(占总成绩 50%)。为了让考核更加精准,在考核过程中也应充分考虑学生对待平时作业的态度、作业完成情况以及作品的创意性等,对学生学习进行准确考核。在布置平时作业时,可以结合每一章节的重点和难点让学生进行针对性练习。对平时作业的评价可以采取学生自评和教师评价相结合的方式,评价指标为作品完成度、精准度、创新性、视觉美观性、格式规范性等。每一部分设置不同分值,同时将学生在线上和线下的互动情况计入加分项。期末考试作业要求学生以小组为单位完成交互作品、创意设计报告,考核学生团队协同能力、创新能力、设计制作能力、效果展示能力等。考核指标为作品选题意义(是否有正确价值导向)、创新设计、需求分析、结构设计、素材创作与加工、界面设计、交互设计、交互动画演示、效果展示等。最后以小组为单位进行作品汇报。

四是大学英语知识、技能提升与价值引领并举。在大学英语课程教学中,应尽量避免因过于注重大学英语知识技能传授,而忽视意义建构和意义表达,忽视思政教育。交互设计作为兼具技术性、艺术性、前沿性的课程,很容易使学生因专注于技术而忽略了学习目标。因此,教师

---

① 高娃.交互设计类课程过程性考核探索研究[J].设计,2018(18):111-113.

在提升学生知识技能的同时,应注重对学生的价值引领。在教学方面,要保持前瞻性。研究国内外翻转课堂的先进经验和模式,如微课、慕课、创客教育、VR（虚拟现实）、AR（增强现实）等现代教育模式和信息化教育手段,借鉴吸收先进技术应用经验,因材施教,以更好地实施翻转课堂教学模式。在价值引领上,教师应准确把握大学英语课程目标,突出专业特色,利用先进技术传播先进文化。以学生为主体,借助新的技术手段和方法,从大学英语课程设置的细节出发对学生价值观念进行引领。应引导学生关注社会、热爱生活,将专业设计与文化元素相结合,从社会热点、文化传承、学习精神、职业规范、团队协同、审美体验等方面出发,在教学中有效融入育人元素,将德育贯穿课程设计的始终,着重培养学生在人工智能发展态势下对知识技能的灵活运用能力、协同合作能力,提升学生对人生、对世界的认识,使其踏入社会后能尽快转变角色,适应社会。

综上所述,我国目前的翻转课堂和大学英语课程思政还处于探索阶段,仍面临很多挑战。交互设计课程具有实践性、综合性的特点,在进行课程教学时,需要结合学生特点和国情进行翻转课堂教学,深度挖掘课程思政元素,找准切入点。大学英语课程思政和翻转课堂对大学英语教师提出了更高的要求,要求大学英语教师转变教育理念,提高自身专业能力与实践能力。在翻转课堂理念指导下,大学英语教师和学生都需要做好充分的准备,灵活运用网络教育平台,对新知识进行深入学习,在线下课堂积极互动。与此同时,大学英语教师还应充分挖掘交互设计课程中的思政元素,以学生为主体,提升学生思政素养,落实"立德树人"根本任务。

参考文献

[1] 蔡基刚. 中国大学英语教学路在何方 [M]. 上海：上海交通大学出版社，2012.

[2] 陈玲. 移动互联下的高效教学模式 [M]. 北京：中国科学技术出版社，2020.

[3] 陈细竹. 网络时代英语自主学习与教学研究 [M]. 北京：北京日报出版社，2019.

[4] 陈阳芳. 中国大学生英语口语自主学习动机培养研究 [M]. 上海：上海交通大学出版社，2019.

[5] 窦国宁. 创客教育理念下的大学英语教学理论与实践 [M]. 北京：企业管理出版社，2021.

[6] 段忠玉，林静，吴德. 翻转课堂模式中的英语案例教学研究 [M]. 北京：中国书籍出版社，2016.

[7] 冯智文. 深化大学英语教学改革探索与研究 [M]. 昆明：云南大学出版社，2013.

[8] 付道明. 数字化学习的优化设计与效果研究 [M]. 厦门：厦门大学出版社，2016.

[9] 黄雪梅. 现代教育技术下的新型大学英语教学模式研究 [M]. 长春：吉林出版集团股份有限公司，2018.

[10] 蒋景东，金晶. 高职学生英语学习阻碍机制应对策略"协同"研究 [M]. 杭州：浙江大学出版社，2015.

[11] 康莉. 跨文化视角下的大学英语教学：困境与突破 [M]. 北京：中国社会科学出版社，2014.

[12] 柯清超. 超越与变革：翻转课堂与项目学习 [M]. 北京：高等教育出版社，2016.

[13] 李宪美.大学生外语学习焦虑研究[M].合肥：合肥工业大学出版社,2014.

[14] 刘蕊.教育生态化视角下高校英语教学创新研究[M].长春：吉林出版集团股份有限公司,2021.

[15] 栾岚.移动学习理论及其在大学英语教学中的应用研究[M].哈尔滨：哈尔滨工程大学出版社,2017.

[16] 孟丽华,武书敬.网络环境下大学英语教师专业素质发展研究[M].北京：外语教学研究出版社,2015.

[17] 莫英.信息化背景下大学英语教学改革与创新思维[M].成都：四川大学出版社,2018.

[18] 任彦卿.基于移动学习系统的大学英语教学研究[M].长春：吉林人民出版社,2019.

[19] 史利红.大学英语教学中学习拖延问题研究[M].北京：北京理工大学出版社,2019.

[20] 苏一凡.多模态英语教学理论与实践[M].北京：中华工商联合出版社有限责任公司,2022.

[21] 苏勇,孙世利,毕崇涛.数字化外语教学研究[M].北京：北京航空航天大学出版社,2009.

[22] 谭丁.英语教学与就业能力培养[M].延吉：延边大学出版社,2022.

[23] 童琳玲,祁春燕.演进与变革网络环境下的英语教学研究[M].北京：团结出版社,2017.

[24] 王辉.基于移动互联网环境的大学英语词汇习得模式研究[M].成都：四川大学出版社,2019.

[25] 王欣,孙珊珊.英语专业教育改革课程思政与价值引领[M].上海：上海外语教育出版社,2022.

[26] 王志敏.外语学习动机激发策略的理论与实证研究[M].北京：光明日报出版社,2014.

[27] 文秋芳.产出导向法：中国外语教育理论创新探索[M].北京：外语教学与研究出版社,2020.

[28] 文旭,徐天虹.外语教育中的课程思政探索[M].重庆：西南师范大学出版社有限责任公司,2021.

[29] 吴秉健.教师网络学习共同体与英语教学数字化融合创新[M].

北京：世界图书出版公司，2019.

[30] 杨静. 现代信息技术优化外语教学研究 [M]. 西安：西北工业大学出版社，2019.

[31] 杨涛. 外语学习倦怠与动机关系研究 [M]. 北京：科学出版社，2015.

[32] 于永昌，刘宇，王冠乔. 大数据时代的教育 [M]. 北京：北京师范大学出版社，2015.

[33] 俞婕，魏琳. 数字化时代大学英语翻转课堂新探索 [M]. 北京：冶金工业出版社，2022.

[34] 俞丽芳. 基于应用型外语人才培养的专门用途英语 ESP 教学探析 [M]. 成都：电子科技大学出版社，2018.

[35] 臧庆. 英语教学与文化融合 [M]. 北京：北京工业大学出版社，2020.

[36] 战德臣，王立松，王杨等. MOOC + SPOCs + 翻转课堂：大学教育教学改革新模式 [M]. 北京：高等教育出版社，2018.

[37] 张春艳. 终身学习时代背景下的英语移动学习 [M]. 长春：东北师范大学出版社，2018.

[38] 张福涛. 翻转课堂理论研究与实践探索 [M]. 济南：山东友谊出版社，2014.

[39] 张娇媛. 高校英语混合式教学与信息技术应用 [M]. 天津：天津科学技术出版社，2019.

[40] 张墨. 信息时代背景下大学英语教学方法整合新探 [M]. 长春：吉林出版集团股份有限公司，2021.

[41] 张萍. 基于翻转课堂的同伴教学法：原理·方法·实践 [M]. 北京：人民邮电出版社，2017.

[42] 张亚锋，刘思佳，万镭. 专门用途（ESP）英语教学的探索研究 [M]. 西安：西北工业大学出版社，2019.

[43] 赵常花. 媒体融合视角下的大学英语教学理论与实践研究 [M]. 北京：企业管理出版社，2020.

[44] 郑茗元，汪莹. 网络环境与大学英语课程的整合化教学模式概论 [M]. 北京：中国水利水电出版社，2015.

[45] 钟玉芹. 大学英语混合式教学探究 [M]. 北京：电子工业出版社，2017.

[46] 周文娟. 大数据时代外语教育理念与方法的探索与发现 [M]. 上海：上海交通大学出版社，2014.

[47] 淳柳，郭月琴，王艳. "双一流"背景下基于 OBE 的研究生学术英语教学模式改革与实践——以中国石油大学（华东）为例 [J]. 学位与研究生教育，2021（05）：42-47.

[48] 邓羽茜. "有效教学"：基于关系思维的批判思考 [J]. 课程教学研究，2019，87（03）：17-20+44.

[49] 金良友，刘丹. 基于 OBE 理念的英语阅读课程教学改革与实践 [J]. 科技视界，2019（32）：152+149.

[50] 李继燕. 信息技术支持下项目式大学英语教学实践与反思 [J]. 教学研究，2019，42（03）：63-69.

[51] 李姗. 翻转课堂模式在大学英语口语教学中的应用研究 [J]. 校园英语，2021（34）：14-15.

[52] 刘育东. 论依托项目的外语教学理论基础 [J]. 河北师范大学学报（教育科学版），2019，21（04）：118-124.

[53] 马国勤. 基于 OBE 理念的高职课程教学模式研究与实践 [J]. 职教论坛，2020，36（05）：63-68.

[54] 邵荣青. 基于产出导向法的大学英语词汇混合式教学设计 [J]. 英语广场，2022（21）：106-109.

[55] 沈致隆. 多元智能理论的产生、发展和前景初探 [J]. 江苏教育研究，2009（09）：17-26.

[56] 施晓秋. 遵循专业认证 OBE 理念的课程教学设计与实施 [J]. 高等工程教育研究，2018（05）：154-160.

[57] 宋杨. 基于 OBE 理念下的《商务英语视听说》课程的混合式教学改革设计 [J]. 中国多媒体与网络教学学报（上旬刊），2020（06）：145-146.

[58] 孙琳. 试论 OBE 视域下的我国翻译人才培养模式 [J]. 中国翻译，2020，41（06）：107-111.

[59] 王君，洪庆福，胡志红. 大学英语"云班课+OT+翻转课堂"教学模式探索 [J]. 哈尔滨职业技术学院学报，2021（02）：150-154.

[60] 王丽娜. "互联网+时代"翻转课堂在大学英语教学中的实践 [J]. 新西部，2017（16）：142-143.

[61] 王岩. "互联网+"视域下的大学英语教学模式建构研究 [J].

黑龙江科学,2017,8（16）:96-97.

[62] 文秋芳."产出导向法"教学材料使用与评价理论框架[J].中国外语教育,2017,10（2）:17-23+95-96.

[63] 吴若芳.大学英语教学在"互联网+时代"下翻转课堂的实践应用[J].校园英语,2017（32）:20.

[64] 杨玲梅.以"互联网+"助推地方工科院校大学英语教学模式改革[J].安徽文学(下半月),2017（09）:132-133.

[65] 岳金霞,吴琼.OBE理论视角下的新时代高校思想政治理论课教学模式探索[J].思想教育研究,2019（05）:90-94.

[66] 张冰."互联网+"时代大学英语网络在线课程建设与应用研究[J].智库时代,2019（31）:6+8.

[67] 张芳.翻转课堂模式在大学英语读写课中的应用[J].高等职业教育(天津职业大学学报),2016,25（01）:81-84.

[68] 张男星,张炼,王新凤等.理解OBE：起源、核心与实践边界——兼议专业教育的范式转变[J].高等工程教育研究,2020（03）:109-115.

[69] 郑静.大学英语移动式翻转教学设计探究[J].河北广播电视大学学报,2020,25（01）:82-86.

[70] Acharya C. Outcome-Based Education（OBE）: A New Paradigm for Learning[J]. Triannual Newsletter,2003（05）: 78-82.

[71] Beckett G H. Project-based instruction in a Canadian secondary school's ESL classes: Goals and evaluations [D]. University of British Columbia,1999.

[72] Dewey J. Democracy and Education: An Introduction to the Philosophy of Education[M]. New York: Macmillan,1926.

[73] Ellis R. The Production-Oriented Approach: Moving Forward[J]. Chinese Journal of Applied Linguistics,2017,40（4）: 454-458.

[74] Ellis R.Task-based language learning and teaching[M]. Oxford: Oxford University Press,2003.

[75] Eyring J L. Teacher experiences and student responses in ESL project work instruction: A case study[M]. Los Angeles: University of California,1989.

[76]Cumming, A. Design and Directions for Research[J]. Chinese Journal of Applied Linguistics,2017,40（04）:459-463.

[77]Haines S. Projects for the EFL Classroom: Resource Material for Teachers[M]. Nelson,1989.

[78]Harden R. M. Outcome-Based Education—the Ostrich, the Peacock and the Beaver[J]. Medical Teacher,2007,29（07）:66-67.

[79]Howard Gardner. Intelligence Reframed:Multiple Intelligences for the 21st Century[M]. New York: Basic Books,1999.

[80]Howard Gardner. Multiple Intelligences: New Horizons[M]. New York: Basic Books,2006.

[81]Kennedy K. J. Conceptualising Quality Improvement in Higher Education: Policy, Theory and Practice for Outcomes Based Learning in Hong Kong[J]. Journal of Higher Education Policy and Management,2011,33（03）: 211-213.

[82]Kilpatrick W. H. The project method[J]. Teachers College Record,1918,19（04）: 1-5.

[83]Krashen S. The Input Hypothesis: Issues and Implications[M]. New York: Longman,1985.

[84]Matsuda P. K. Some Thoughts on the Production Oriented Approach[J]. Chinese Journal of Applied Linguistics,2017,40（04）: 468-469.

[85]Morcke A. M., Dornan T., Eika B. Outcome (Competency) Based Education: An Exploration of its Origins, Theoretical Basis, and Empirical Evidence[J]. Advances in Health Sciences Education, 2013,18（04）: 851-863.

[86]Nunan D. The learner-centered curriculum: A Study in Second Language Teaching[M]. Shanghai: Shanghai Foreign Language Education Press,2005.

[87]Polio C. Reflections on the Production-Oriented Approach vis-a-vis Pre-service Teachers[J]. Chinese Journal Applied Linguistics, 2017,40（04）: 464-467.

[88]Spady W. G. Outcome-Based Education: Critical Issues And Answers[J]. American Association of school Administrators,1994

(21): 1-10.

[89]Vygotsky L. S. Mind in society: The development of higher psychological Process[M]. Massachusetts: Harvard University Press, 1978.

[90]Willis J. A Framework for Task-Based Learning[M]. London: Longman, 1996.